PRESTEL

TASCHENLEXIKON

Kunst der Moderne vom Impressionismus bis heute

von Klaus Richter

Prestel
München · London · New York

Nam June Paik, TV-Cello, 1971, siehe S. 121

Für Uta,
Charlotte, Leonard und Jonathan
Dank an Wolfgang

A

Abakanowicz, Magdalena, geb. 1930, polnische Bildhauerin des Pluralismus.

Abgußrealismus Spöttische Bezeichnung für die Plastiken des Superrealismus, die in direktem Abguß vom menschlichen Körper hergestellt werden.

Absalon, 1964–1983, israelisch-französischer Installationskünstler.

Abstraction Création 1931 in Paris gegründete Vereinigung von Künstlern, die sich die Aufgabe stellte, durch gemeinsame Ausstellungen die ungegenständliche Kunst und ihre Künstler bekannt zu machen. → S. 84

Abstrakte Kunst Kunstrichtung, die vom gegenständlichen Darstellen absieht. → S. 58

Abstrakter Expressionismus Kunststil, der sich ab 1945 in Amerika und Europa ausbreitete. Sammelbegriff für die verschiedenen Richtungen der nicht-gegenständlichen Malerei. → S. 94

Abstraktion Vereinfachung der figürlichen Malweise bis hin zum völligen Verzicht auf Gegenständlichkeit.

Acryl Malfarbe, die – ähnlich wie Ölfarbe – mit Pinsel und Spachtel aufgetragen wird, als Bindemittel aber nicht Öl, sondern den Kunststoff Acryl enthält. Sie ist nicht wasserlöslich.

Action Painting Malweise, bei der die Farbe nicht nur mit dem Pinsel aufgetragen, sondern auch ganz spontan gespritzt, geschüttet, getropft oder geworfen wird.

Adamski, Hans Peter, geb. 1947, deutscher Maler der Neuen Wilden.

Agam, Yaacov, geb. 1928, in Israel geborener und in Paris lebender Maler der Op Art und Kinetik.

Akademisch So nennt man ein Kunstwerk, das den Regeln unterliegt, die an Kunstschulen und Akademien unterrichtet werden.

Akt Darstellung des nackten menschlichen Körpers.

Aktionskunst Bezeichnung für ein überraschendes, oft schockierendes Kunstereignis, welches vom Künstler in der Öffentlichkeit veranstaltet wird. Andere Begriffe dafür sind Happening, Performance, Fluxus oder Art Event. → S. 114

Albers, Josef, 1888–1976, deutsch-amerikanischer Maler der Abstraction Création, der Op Art und des Bauhauses.

Alechinsky, Pierre, geb. 1927, belgischer Maler des Abstrakten Expressionismus, der Art brut und der Gruppe COBRA.

alla prima (ital. ›aufs erste‹) Maltechnik, bei der ein Bild nach dem ersten Farbauftrag fertiggestellt ist und nicht mehr übermalt oder verändert wird.

Altenbourg, Gerhard, 1930– 1989, Grafiker. Gemeinsam mit Carlfriedrich Claus führender Kopf der unabhängigen Künstler der DDR.

Am Ende, Hans, 1864–1918, deutscher Maler und Mitbegründer der Worpsweder Schule.

Amiet, Cuno, 1868–1961, Schweizer Maler des Symbolismus und Neo-Impressionismus.

Andrea, John de, geb. 1941, amerikanischer Bildhauer des Superrealismus.

Anquetin, Louis, 1861–1932, französischer Maler des Symbolismus.

Appel, Karel, geb. 1921, holländischer Maler des Abstrakten Expressionismus, der Art brut und der Gruppe COBRA.

Aquarell Aus Farbpulver und wasserlöslichem Bindemittel hergestellte Malfarbe. Wird mit dem Pinsel auf Papier aufgetragen, ist wasserlöslich und nicht deckend.

Arabeske Stilisiertes, vereinfachtes Pflanzenornament. Element der Malerei des Jugendstils.

Armitage, Kenneth, geb. 1916, englischer Bildhauer des Abstrakten Expressionismus.

Arp, Hans, 1887–1966, deutsch-französischer Maler und Bildhauer des Dadaismus, des Surrealismus und der Abstraction Création.

Art brut Bezeichnung, die in Frankreich um 1945 für die spontanen, aus dem Unterbewußtsein kommenden, künstlerischen Ausdrucksformen psychisch Kranker oder Kinder geprägt wurde. Das Wort bezeichnet auch die unverbildete, einfache Kunst primitiver Völker, die in Bildern moderner Maler übernommen wird.
→ S. 104

Art nouveau (franz. ›neue Kunst‹) Französische Bezeichnung für den Jugendstil.

Arte Cifra Kunststil, der um 1980 in Italien entstand. Das Wort bezeichnet die symbolische Verschlüsselung von Figuren, Dingen und Zeichen in einem Bild. Auch Chiffrenkunst genannt (Chiffre = Schriftzeichen). → S. 136

Arte Povera (ital. ›arme Kunst‹) Bezeichnung für eine künstlerische Ausdrucksform, die geprägt ist durch eine bewußte Armut der Darstellung und Materialien.

Arts and Crafts Movement Kunstrichtung, die Kunsthandwerk und Kunst vereinen wollte und eine Reform des industriellen Designs anstrebte. Die nach 1882 in England gegründete ›Arts and Crafts Society‹ gab der Bewegung ihren Namen. → S. 40

Assemblage Künstlerische Technik, die durch Hinzufügen von plastischen Gegenständen aus einem flächigen Bild ein erhabenes macht. Die Technik, die aus der Collage hervorging, wurde in den 1950er Jahren sehr populär.

Ästhetik Die Lehre vom Schönen.

Atelier Werkstatt des Künstlers.

Auerbach, Frank, geb. 1931, deutsch-englischer Maler der Neuen Figurativen Malerei.

Autodidakt Ein Künstler, der sich sein Wissen und Können durch Selbstunterricht angeeignet hat.

Automatismus Begriff innerhalb der Stilrichtung des Surrealismus. Er bezeichnet eine Malweise, die ohne Kontrolle durch die Vernunft nur aus dem Unbewußten arbeitet.

Avantgarde Bezeichnung für eine Gruppe (von Künstlern), die ihrer Zeit voraus ist.

Avantgardist Vorkämpfer für eine neue Idee.

B

Baargeld, Johannes Theodor, 1891–1927, deutscher Maler des Dadaismus.

Bacon, Francis, 1909–1992, englischer Maler der Neuen Figurativen Malerei.

Balkenhol, Stephan, geb. 1957, deutscher Bildhauer des Pluralismus.

Balla, Giacomo, 1871–1958, italienischer Maler des Futurismus.

Barry, Robert, geb. 1936, amerikanischer Maler der Concept Art.

Baselitz, Georg, geb. 1938, deutscher Maler der Neuen Figurativen Malerei.

Basquiat, Jean Michel, 1960–1988, amerikanischer Graffiti-Künstler.

Bauhaus 1919 in Weimar gegründete Kunstschule und Werkgemeinschaft von Malern, Bildhauern, Architekten, Designern. Angestrebt wurde das Zusammen-

wirken von Kunst, Kunsthandwerk und moderner industrieller Formgebung. → S. 80
Baumeister, Willi, 1889–1955, deutscher Maler der Novembergruppe, der Abstraction Création, des Abstrakten Expressionismus und des Tachismus.
Bazaine, Jean, geb. 1904, französischer Maler des Abstrakten Expressionismus.
Bazille, Jean-Frédéric, 1841–1870, französischer Maler des Impressionismus.
Baziotes, William, 1912–1963, amerikanischer Maler des Abstrakten Expressionismus und des Surrealismus.
Beckmann, Max, 1884–1950, deutscher Maler des Expressionismus und der Neuen Sachlichkeit.
Bernard, Emile, 1868–1941, französischer Maler des Neo-Impressionismus und des Symbolismus.
Beuys, Joseph, 1921–1986, deutscher Maler, Performance- und Objektkünstler sowie Künstler der Concept Art.
Bildende Kunst Sammelbegriff für Malerei, Bildhauerei, Grafik, Architektur und Kunsthandwerk sowie in neuerer Zeit auch Film und Fotografie.
Bildhauer Bezeichnung für den Künstler, der Skulpturen herstellt.
Bildnis Bezeichnung für die künstlerische Darstellung eines oder mehrerer Menschen. Auch Porträt genannt.
Bildträger Die Fläche, auf der ein Bild gemalt ist (Leinwand, Holzplatte, Karton).
Bill, Max, 1908–1994, Schweizer Architekt, Designer, Maler der Abstraction Création, der Op Art und der Konkreten Kunst.
Bindemittel Leime, Kunststoffe, Harze, Emulsionen oder Öle, die zusammen mit Farbpulver (Pigmente) zu einer flüssigen oder pastosen Farbe gemischt werden.
Birolli, Renato, 1906–1959, italienischer Maler des Informel.
Bissier, Julius, 1893–1965, deutscher Maler des Abstraken Expressionismus.
Bissière, Roger, 1886–1964, französischer Bildhauer und Maler des Abstrakten Expressionismus.
Blake, Peter, geb. 1932, englischer Bildhauer und Designer, Maler der Pop Art.
Blauer Reiter Gemeinschaft von Künstlern, die 1911 in München gegründet wurde. → S. 62
Bleistift Zeichenstift mit einer Graphitmine (früher Bleimine), die in einem Holzschaft steckt.
Boccioni, Umberto, 1882–1916, italienischer Bildhauer und Maler des Futurismus.
Bömmels, Peter, geb. 1951, deutscher Maler der Neuen Wilden.
Bonnard, Pierre, 1867–1947, französischer Maler der Künstlergruppe Nabis.
Bourgeois, Louise, geb. 1911, französisch-amerikanische Installationskünstlerin des Pluralismus.
Braque, Georges, 1882–1963, französischer Maler des Kubismus.
Brauer, Arik (Erich), geb. 1923, österreichischer Maler des Phantastischen Realismus.
Breker, Arno, 1900–1991, deutscher Architekt und Bildhauer in der Zeit des Nationalsozialismus.
Broodthaers, Marcel, 1924–1976, belgischer Künstler der Concept Art.
Brücke Gemeinschaft von Künstlern, die 1905 in Dresden gegründet wurde und den Beginn des deutschen Expressionismus markiert. → S. 46
Brüning, Peter, 1929–1970, deutscher Maler des Informel.
Brus, Günter, geb. 1938, öster-

reichischer Künstler des Wiener Aktionismus.
Buren, Daniel, geb. 1938, französischer Künstler der Concept Art.
Burgin, Victor, geb. 1941, englischer Künstler der Concept Art.
Burri, Alberto, 1915–1995, italienischer Maler des Abstrakten Expressionismus, Objektkünstler.

C

Calder, Alexander, 1898–1976, amerikanischer Bildhauer und Maler des Abstrakten Expressionismus.
Carrà, Carlo, 1881–1966, italienischer Maler des Futurismus und der Pittura Metafisica.
Cézanne, Paul, 1839–1906, französischer Maler des Impressionismus und Neo-Impressionismus, Wegbereiter der Moderne.
Chadwick, Lynn, geb. 1914, englischer Bildhauer des Abstrakten Expressionismus
Chagall, Marc, 1887–1985, russisch-französischer Maler der jüdischen Mystik.
Chia, Sandro, geb. 1946, italienischer Maler der Concept Art und Arte Cifra, wichtiger Vertreter der Transavantgarde.
Chillida, Eduardo, geb. 1924, spanischer Bildhauer des Abstrakten Expressionismus.
Chirico, Giorgio de, 1888–1978, italienischer Maler des Surrealismus und der Pittura Metafisica.
Christo und **Jeanne-Claude**, beide geb. 1935, bulgarisch-französische Objekt- bzw. Verpackungskünstler.
Claudel, Camille, 1864–1943, französische Bildhauerin des Impressionismus.
Claus, Carlfriedrich, 1930–1998, Grafiker. Gemeinsam mit Gerhard Altenbourg führender Kopf der unabhängigen Künstler der DDR.
Clemente, Francesco, geb. 1952, italienischer Maler der Arte Cifra.
Close, Chuck, geb. 1940, amerikanischer Maler des Superrealismus.
COBRA 1948 in Frankreich gegründete Gemeinschaft von europäischen Künstlern.
Collage Malweise, bei der in das gemalte Bild andere Werkstoffe eingeklebt werden (Zeitungen, Stoffe, Metall, Draht, Holz). Auch Klebebild genannt.
Colour Field Painting Richtung des Abstrakten Expressionismus, bei der die Farbe in großen Feldern aufgetragen wird. Auch Farbfeldmalerei genannt. → S. 108
Combine Painting Kombination aus Malerei und Collage-Technik, bei der Objekte in ein Gemälde eingearbeitet werden.
Concept Art Kunstrichtung, bei der der Künstler nicht mehr selbst das fertige Kunstwerk herstellt, sondern nur noch ein Konzept, einen Entwurf vorgibt und damit sein Publikum anregt, selbst schöpferisch tätig zu sein. Auch Konzeptuelle Kunst genannt. → S. 128
Corinth, Lovis, 1858–1925, Maler des deutschen Impressionismus, Vertreter der Berliner Sezession.
Corneille, geb. 1922, holländischer Maler des Abstrakten Expressionismus, der Art brut und der Gruppe COBRA.
Cottingham, Robert, geb. 1935, amerikanischer Maler des Superrealismus.
Craquelure Bezeichnung für Risse, die im Firnis oder in der Farbschicht eines Gemäldes entstehen können. Diese Risse werden durch fehlerhafte Maltechniken hervorgerufen, aber auch durch Altern oder Austrocknen der Farbschicht.
Cross, Henri-Edmond, 1856–1910, französischer Maler

des Impressionismus und Neo-Impressionismus.
Cucchi, Enzo, geb. 1949, italienischer Maler, Zeichner und Bildhauer der Transavantgarde.

D

Dada oder **Dadaismus** Um 1916 in der Schweiz gegründete künstlerische Bewegung. Sie richtete sich durch witzige, ironische, unsinnige, satirische und kämpferische Werke gegen die traditionelle Kunst. → S. 70
Dahmen, Karl Fred, 1917–1981, deutscher Maler des Abstrakten Expressionismus.
Dahn, Walter, geb. 1955, deutscher Maler der Neuen Wilden.
Dalí, Salvador, 1904–1989, spanischer Maler des Surrealismus.
Davies, John, geb. 1946, amerikanischer Bildhauer des Superrealismus.
Deckfarben Undurchsichtige Farben. Sie decken die darunter liegende Malschicht ab (Gegensatz: Lasurfarben).
Décollage Technik, bei der ein fertiges Bild zerrissen oder zerschnitten und zu einem neuen Bild zusammengesetzt wird.
Degas, Edgar, 1834–1917, französischer Maler des Impressionismus.
Delaunay, Robert, 1885–1941, französischer Maler des Orphismus und der Abstraction Création.
Delaunay, Sonia, 1885–1979, russisch-französische Malerin des Orphismus und der Abstraction Création.
Delvaux, Paul, 1897–1994, belgischer Maler des Surrealismus.
Denis, Maurice, 1870–1943, französischer Maler und Mitbegründer der Künstlergruppe Nabis.
Derain, André, 1880–1954, französischer Maler des Fauvismus.
Dibbets, Jan, geb. 1941, holländischer Konzeptkünstler.
Dilettant Künstler ohne schulische Ausbildung. Oft abwertend.
Dine, Jim, geb. 1935, amerikanischer Pop-Art- und Aktionskünstler.
Dispersionsfarbe Deckende oder auch durchscheinende Farbe, deren Bindemittel Kunstharz ist.
Divisionismus Begriff aus dem Neo-Impressionismus. Das Wort kommt aus dem Lateinischen (division = teilen, zerlegen). Die gemalten Farbflächen werden in Striche und Punkte zerlegt. Auch Pointillismus genannt.
Dix, Otto, 1891–1969, deutscher Maler der Novembergruppe und der Neuen Sachlichkeit.
documenta Internationale Kunstausstellung, die seit 1955 alle vier Jahre in Kassel stattfindet.
Doesburg, Theo van, 1883–1931, holländischer Architekt, Maler der Abstraction Création und Mitbegründer der Künstlergruppe De Stijl.
Dokoupil, Jiri Georg, geb. 1954, deutsch-tschechischer Maler der Neuen Wilden.
Dongen, Kees van, 1877–1968, holländisch-französischer Maler des Fauvismus.
Drip Painting Malweise, bei der die Farbe nicht mit dem Pinsel aufgetragen, sondern auf die am Boden liegende Leinwand getropft, gespritzt oder geschüttet wird (engl. to drip = herabtropfen).
Dubuffet, Jean, 1901–1985, französischer Maler der Art brut, auch Collage- und Aktionskünstler.
Duchamp, Marcel, 1887–1968, französischer Maler des Dadaismus, Objekt- und Konzeptkünstler.
Duchamp-Villon, Raymond, 1876–1918, französischer Bildhauer des Kubismus.

Dufy, Raoul, 1877–1953, französischer Maler des Fauvismus.
Duktus Bezeichnung für den Pinselstrich, die Pinselführung oder den Farbauftrag. Der Duktus ist die Handschrift des Künstlers.
Duplikat Bezeichnung für die zweite oder mehrfache Ausfertigung eines Kunstwerks. Der Gegensatz ist das Unikat.

E

Enkaustik Eine in der Antike entwickelte Maltechnik, bei der heiße Wachsfarbe auf den Malgrund aufgetragen wird.
Ensor, James, 1860–1949, belgischer Maler des Surrealismus und Expressionismus.
›Entartete Künstler‹ Verhöhnende Bezeichnung der Nationalsozialisten für diejenigen Künstler, die in Deutschland von 1939 bis 1945 Malverbot hatten und deren Werke nicht in Galerien und Museen gezeigt werden durften.
›Entartete Kunst‹ Titel einer Ausstellung, die 1937 von den Nationalsozialisten in München veranstaltet wurde.
Erbslöh, Adolf, 1881–1947, deutscher Maler der Neuen Künstlervereinigung München und der Münchener Neuen Sezession.
Ernst, Max, 1891–1976, deutsch-amerikanisch-französischer Maler des Dadaismus und Surrealismus.
Estes, Richard, geb. 1932, amerikanischer Maler des Fotorealismus.
Estève, Maurice, geb. 1904, französischer Maler des Abstrakten Expressionismus.
Expertise Gutachten eines Sachverständigen über ein Kunstwerk.
Expressionismus Kunstrichtung des frühen 20. Jahrhunderts in Europa und Amerika. Das Wort kommt aus dem Lateinischen (expressio = Ausdruck). Es ist eine Ausdruckskunst mit großzügigen, meist starkfarbig gemalten Flächen, kräftigen Konturen und einer nicht wirklichkeitsgetreuen Abbildung von Menschen, Landschaften und Dingen. → S. 46

F

Farbe Werkstoff, mit dem der Künstler ein Bild malt. Farbe ist aber auch das Empfinden der Sinne. Blau und Grün sind kalte Farben, Rot und Gelb warme Farben. Blau signalisiert Ferne, Rot hingegen Nähe.
Farbensymbolik Einsetzen von Farbe für ein Sinnbild. Rot = Liebe, Blau = Treue, Schwarz = Trauer, Weiß = Freude, Grün = Hoffnung, Gelb = Gefahr.
Farbfeldmalerei siehe Colour Field Painting.
Farbskala Bezeichnung für die vollständige Reihe aller Farbtöne.
Faßbender, Joseph, 1903–1974, deutscher Maler des Informel.
Fautrier, Jean, 1898–1964, französischer Maler, Wegbereiter des Informel.
Fauvismus (franz. les bêtes fauves = wilde Tiere) Kunststil, der sich um 1905 in Frankreich ausbreitete. Die Künstler malten in reinen, unvermischten, leuchtenden Farben und freien Formen, die nicht wirklichkeitsgetreu sind. Die Malweise war ungezügelt und wild. → S. 50
Feininger, Lyonel, 1871–1956, amerikanisch-deutscher Maler und Grafiker des Expressionismus und des Bauhauses.
Fetting, Rainer, geb. 1949, deutscher Maler der Neuen Wilden.
Figurative Malerei Bezeichnung für gegenständliche Malerei.
Figurative Plastik Bezeichnung für eine gegenständliche Plastik.

Finlay, Ian Hamilton, geb. 1925, schottischer Bildhauer, Grafiker und Schriftsteller des Pluralismus.
Firnis Glänzender oder matter klarer, durchsichtiger Überzug aus Naturharz oder Kunststoff, der das Bild vor äußeren Einflüssen schützt und die Farben zum Leuchten bringt.
Fischl, Eric, geb. 1948, amerikanischer Maler des New Image Painting.
Fleury, Silvie, geb. 1961, Schweizer Installationskünstlerin.
Fluxus Kunstrichtung, die sich ab 1962 in Europa und Amerika ausbreitete. Sie ist eine dem Happening ähnliche Aktionskunst. Die Künstler wollen mit einer Aktion, die aus Elementen der Malerei, der Bildhauerei, des Theaters, der Musik und des Tanzes besteht, das Publikum für sich, ihre Ideen und ihre Kunst interessieren.
Fontana, Lucio, 1899–1968, italienischer Bildhauer und Maler der Abstraction Création und Zero.
Fotorealismus siehe Superrealismus.
Francis, Sam, 1923–1994, amerikanischer Grafiker und Maler des Abstrakten Expressionismus.
Frankenthaler, Helen, geb. 1928, amerikanische Grafikerin, Bildhauerin und Malerin des Abstrakten Expressionismus.
Freilichtmalerei Maltechnik, die um 1874 von den Impressionisten zum Prinzip erhoben wurde. Gemalt wurde nun nicht mehr in den Ateliers, sondern in der Natur. Auch Pleinairmalerei genannt.
Freud, Lucian, geb. 1922, deutsch-englischer Maler der Neuen Figurativen Malerei.
Frottage Maltechnik, bei der rauhe Materialien wie Steine, Mauerwerk oder Holz unter den Malgrund (Leinwand oder Papier) gelegt und mit Kohle oder Bleistift durchgerieben werden. Die auf dem Malgrund entstehenden Strukturen werden dann zu Bildern weiterverarbeitet.
Fuchs, Ernst, geb. 1930, österreichischer Maler des Phantastischen Realismus.
Futurismus Kunststil, der sich um 1910 in Italien ausbreitete. Das Wort kommt aus dem Lateinischen (Futur = Zukunft). Die Themen dieser Malerei sind Schönheit der Technik, Geschwindigkeit, Bewegung, die Darstellung von Geräuschen und alles, was auf Zukunft hinweist. Ein weiteres Thema ist die Verherrlichung der Macht.
→ S. 60

G

Gabo, Naum, 1890–1977, russisch-amerikanischer Bildhauer des Konstruktivismus und der Abstraction Création.
Galerie Ausstellungsraum, der dem Künstler die Möglichkeit bietet, seine Werke in der Öffentlichkeit zu zeigen.
Gauguin, Paul, 1848–1903, französischer Maler des Impressionismus und des Symbolismus. Wegbereiter der Kunst der Moderne.
Gegenständlich Wird diejenige Malerei genannt, die wirklich vorhandene Gegenstände in erkennbarer Form wiedergibt.
Geiger, Rupprecht, geb. 1908, deutscher Künstler der Farbfeldmalerei und des Abstrakten Expressionismus.
Genremalerei Bildnerische Darstellung von Motiven aus dem täglichen Leben.
Gerassimoff, Alexander, 1881–1963, russischer Maler des Sozialistischen Realismus.
Gestische Malerei Malweise, bei der die Farbe bewegt, locker,

schnell, großzügig und mit viel Schwung aufgetragen wird.
Giacometti, Alberto, 1901–1966, Schweizer Bildhauer des Surrealismus und des Expressionismus.
Götz, Karl Otto, geb. 1914, deutscher Maler des Abstrakten Expressionismus und des Tachismus.
Gogh, Vincent van, 1853–1890, holländischer Maler des Impressionismus und Mitbegründer des Expressionismus.
Goings, Ralph, geb. 1928, amerikanischer Maler des Superrealismus.
Golub, Leon, geb. 1922, amerikanischer Maler des figurativen Expressionismus.
Gorky, Arshile, 1904–1948, armenisch-amerikanischer Maler des Abstrakten Expressionismus.
Gouache (Gouaschmalerei) Maltechnik mit deckenden Wasserfarben. Die Farbpigmente sind mit Gummi als Bindemittel versetzt und mit Weiß vermischt. Die Farbschicht hellt nach dem Trocknen auf und wirkt ›kalkig‹.
Graffiti Kunstrichtung, die sich ab 1968 in Amerika und später auch in Europa ausbreitete. Das Wort kommt aus dem Italienischen (graffito = Eingekratztes). So werden die seit der Antike eingekratzten Inschriften auf Mauern bezeichnet. Die modernen Graffiti werden mit der Farbspraydose hergestellt. → S. 132
Grattage Maltechnik, bei der mit einem spitzen Gegenstand (Pinselstiel) die noch feuchte Farbe aus einem Bild herausgekratzt wird. Das Wort kommt aus dem Französischen (gratter = kratzen).
Graubner, Gotthard, geb. 1930, deutscher Künstler der Farbfeldmalerei.
Gris, Juan, 1887–1927, spanischer Bühnenbildner, Illustrator, Plastiker und Maler des Kubismus.
Grosz, George, 1893–1959, deutsch-amerikanischer Maler des Dadaismus, der Novembergruppe und der Neuen Sachlichkeit.
Grundierung Schicht, die auf den Malgrund (Leinwand, Holzplatte, Karton) aufgetragen wird, bevor der Künstler mit der eigentlichen Malerei beginnt. Je nach Maltechnik werden verschiedene Grundierungen eingesetzt.

H

Hamilton, Richard, geb. 1922, englischer Grafiker, Designer, Objektkünstler und Pop-Art-Maler.
Hanson, Duane, 1925–1996, amerikanischer Bildhauer des Superrealismus.
Happening (engl. to happen = sich ereignen) Eine Ende der 50er Jahre entstehende internationale Kunstströmung. Es ist eine Aktionskunst, bei der es in einer Art von schauspielhaftem Geschehen darum geht, Kunst und Alltägliches zusammenzubringen. Der Künstler bezieht immer das Publikum in seine überraschenden Aktionen mit ein.
Hard Edge Kunstrichtung, die sich um 1960 in Amerika ausbreitete. Sie ist beispielhaft für streng geometrisch gegliederte, einfache, gegenstandslose Kompositionen. Das Wort kommt aus dem Englischen (hard edge = harte Kante).
Haring, Keith, 1958–1990, amerikanischer Zeichner, Grafiker, Objektkünstler und Hauptvertreter der Graffitikunst.
Hartung, Hans, 1904–1989, deutsch-französischer Maler des Abstrakten Expressionismus und des Informel.
Hausmann, Raoul, 1886–1971, österreichischer Grafiker, Fotograf,

Fotomonteur und Maler des Dadaismus und Surrealismus.
Hausner, Rudolf, 1914–1995, österreichischer Maler des Phantastischen Realismus.
Heckel, Erich, 1883–1970, deutscher Maler der Brücke, der Novembergruppe und des Deutschen Expressionismus.
Heiliger, Bernhard, 1915–1995, deutscher Bildhauer des Abstrakten Expressionismus.
Heisig, Bernhard, geb. 1925, deutscher Maler und Grafiker. Hauptvertreter der sozialistischen Kunst der DDR.
Heizer, Michael, geb. 1944, amerikanischer Künstler der Land Art.
Hepworth, Barbara, 1903–1975, englische Bildhauerin der Abstraction Création.
Hockney, David, geb. 1937, englischer Zeichner, Fotograf, Bühnenbildner und Pop-Art-Maler.
Hodler, Ferdinand, 1853–1918, Schweizer Maler des Jugendstils und des Symbolismus.
Hödicke, Karl Horst, geb. 1938, deutscher Grafiker, Maler der Neuen Figurativen Malerei. Gilt als Anreger der Neuen Wilden.
Hoehme, Gerhard, 1920–1989, deutscher Maler des Informel und des Tachismus.
Hölzel, Adolf, 1853–1934, deutscher Maler des Jugendstils.
Hofer, Karl, 1878–1955, deutscher Maler, Mitglied der Berliner Sezession. Beschreitet neue Wege zwischen Expressionismus und Neuer Sachlichkeit.
Holzer, Jenny, geb. 1950, amerikanische Installations- und Concept-Art-Künstlerin.
Horn, Rebecca, geb. 1938, deutsche Installations- und Performancekünstlerin.
Hoyland, John, geb. 1944, englischer Maler des Colour Field Painting
Hubbuch, Karl, 1891–1979, deutscher Maler der Neuen Sachlichkeit.
Huebler, Douglas, geb. 1924, amerikanischer Concept-Art- und Land-Art-Künstler.
Hundertwasser, Friedensreich, geb. 1928, österreichischer Grafiker und Maler der Wiener Schule des Phantastischen Realismus.
Hyperrealismus siehe Superrealismus.

I

Illusionistisch Bezeichnung für etwas, was auf einer falschen Wunschvorstellung beruht.
Immendorff, Jörg, geb. 1945, deutscher Bildhauer, Zeichner und Maler der Neuen Figurativen Malerei.
Impasto Maltechnik, bei der die Farbe in so dicken Schichten auf den Malgrund des Bildes aufgetragen wird, daß eine ausgeprägte Oberflächenstruktur entsteht.
Impressionismus Kunststil, der sich um 1874 in Frankreich entwickelte. Das Wort kommt aus dem Französischen (impression = Eindruck). Diese Malerei will den flüchtigen Eindruck der Dinge wiedergeben. Die Maler versuchen, den Augenblick zu malen, Licht, Schatten, Atmosphäre und Bewegung werden in alltäglichen Motiven dargestellt. → S. 30
Indiana, Robert, geb. 1928, amerikanischer Grafiker und Pop-Art-Maler.
Informel Kunstrichtung, die sich um 1945 in Paris formierte. Das Wort kommt aus dem Französischen (informel = nicht bildlich, auf Formen verzichtend). Es ist eine Malerei, die keine Kompositionsregeln kennt und sich durch

den freien und spontanen Ausdruck auszeichnet. Sie ist ein Bereich des großen Sammelbegriffs Abstrakter Expressionismus.

Installation siehe Rauminstallation.

Itten, Johannes, 1888–1967, Kunstpädagoge und Maler des Bauhauses.

J

Janco, Marcel von, 1895–1984, rumänisch-israelischer Maler der Dada-Bewegung.

Jawlensky, Alexej von, 1864–1941, deutsch-russischer Maler der Neuen Künstlervereinigung München, des Blauen Reiter und des Realistischen Expressionismus.

Johns, Jasper, geb. 1930, amerikanischer Maler, Wegbereiter der Pop-Art und des Abstrakten Realismus.

Jones, Allen, geb. 1937, englischer Bildhauer, Zeichner, Grafiker und Pop-Art-Maler und von Combine Paintings.

Jorn, Asger, 1914–1973, dänischer Maler des Abstrakten Expressionismus, der Art brut und der Gruppe COBRA.

Jugendstil Strömung der europäischen Kunst um 1890–1905, die hauptsächlich im Kunstgewerbe ihren Ausdruck fand. Die Malerei ist gekennzeichnet durch starke Verzierung aller Gegenstände im Bild mit einer Ornamentik aus floralen und abstrakten Mustern. Der deutsche Name kommt von der seit 1896 in München erscheinenden Zeitschrift *Jugend*, die diesen Stil nachdrücklich verbreitete. In Frankreich heißt er Art Nouveau, in Österreich Sezessionsstil und in England Modern Style, Liberty Style oder Arts and Crafts.
→ S. 40

K

Kandinsky, Wassily, 1866–1944, russischer Maler des Abstrakten Expressionismus, der Neuen Künstlervereinigung München und des Blauen Reiter. Begründer der abstrakten Malerei. Lehrtätigkeit am Bauhaus.

Kanoldt, Alexander, 1881–1939, deutscher Maler der Neuen Künstlervereinigung München und der Neuen Sachlichkeit.

Kapitalistischer Realismus Stilrichtung der modernen Kunst, um 1963 in Deutschland begründet. Die Künstler lehnen mit realistisch gemalten Bildthemen die konsumgeprägte Alltagswelt ab. Es ist das kapitalistische Gegenstück zum Sozialistischen Realismus.

Kaprow, Allan, geb. 1927, amerikanischer Happening- und Aktionskünstler.

Karikatur Abbild eines Menschen mit Übertreibung seiner besonderen Wesensmerkmale.

Kelley, Mike, geb. 1954, amerikanischer Performance- und Installationskünstler.

Kelly, Ellsworth, geb. 1923, amerikanischer Plastiker und Maler des Colour Field Painting und des Hard Edge Painting.

Khnopff, Fernand, 1858–1921, belgischer Maler und Bildhauer des Symbolismus.

Kiefer, Anselm, geb. 1945, deutscher Maler der Neuen Figurativen Malerei.

Kienholz, Edward, 1927–1994, amerikanischer Konzept-, Environment- und Objektkünstler.

Kinetische Kunst (Kinetik) Kunstform, in der Farbe, Licht und Bewegung in ein Gesamtkunstwerk einbezogen werden. Das Wort Kinetik kommt aus dem Griechischen und bedeutet ›Lehre von der Bewegung‹.

Kippenberger, Martin, 1953–1997, deutscher Maler der Neuen Wilden.
Kirchner, Ernst Ludwig, 1880–1938, deutscher Maler der Brücke und des Expressionismus.
Kirkeby, Per, geb. 1938, dänischer Filmemacher, Bildhauer und Maler des Abstrakten Expressionismus.
Kitaj, Ronald B., geb. 1932, amerikanischer Grafiker, Zeichner und Maler der Neuen Figurativen Malerei.
Kitsch Bezeichnung für ein scheinbar künstlerisches Erzeugnis, das dem hohen Anspruch der Kunst aber nicht gerecht wird.
Klassizismus Kunststil, der die griechisch-römische Antike zum Vorbild hat und sich durch klare, geradlinige Formen auszeichnet.
Klee, Paul, 1879–1940, deutscher Maler des Blauen Reiter, der Neuen Sezession in München und des Bauhauses.
Kline, Franz, 1910–1962, amerikanischer Maler des Abstrakten Expressionismus.
Koberling, Bernd, geb. 1938, deutscher Maler der figurativ-expressiven Malerei.
Kobuta, Shigeko, geb. 1937, japanischer Installationskünstler.
Kokoschka, Oskar, 1886–1980, österreichischer Grafiker und Maler des Realistischen Expressionismus.
Kolorismus Malweise, bei der die Farbe Vorrang vor der Zeichnung und der Bildkomposition hat.
Kolorit Farbige Gesamtwirkung eines Bildes.
Komplementärfarben Diejenigen Farben, die sich auf dem Farbkreis gegenüberliegen, wie Grün-Rot, Gelb-Blau, Orange-Violett.
Komposition Bezeichnung für die Gesamtordnung eines Bildes. Dazu gehören Farben, Linien, Flächen, Licht, Schatten und Perspektive.
Konkrete Kunst Kunstrichtung, die sich ab 1920 in Europa ausbreitete. Sie vertritt eine Kunst der geometrischen Genauigkeit, die sich auf die Grundformen Rechteck, Dreieck, Quadrat und Kreis beschränkt. Das Wort kommt aus dem Lateinischen (konkret = genau). Ähnliche Elemente finden sich beim Konstruktivismus.
Konstruktivismus Kunstrichtung, die sich ab 1915 in Rußland und später in Europa ausbreitete. Diese Kunst entfernt sich am weitesten von der Wirklichkeit, sie ist eine Kunst der technischen Bildformen, bestehend aus Rechteck, Dreieck, Quadrat, Kreis, Kugel, Pyramide und Kubus. Das Wort kommt aus dem Lateinischen (konstruktiv = methodisch aufbauend).
→ S. 66
Kontrast Begriff für einen starken Gegensatz im Bild wie hell – dunkel, warme Farben – kalte Farben, vorne – hinten, oben – unten und die Komplementärfarben Grün-Rot, Gelb-Blau, Orange-Violett, die sich im Farbkreis gegenüberliegen.
Kontur Umrißlinie eines gemalten Gegenstandes in einem Bild. Durch Konturen wird der Eindruck größerer Plastizität erreicht.
Konzeptkunst Kunstrichtung, die sich ab 1965 in Amerika ausbreitete. Der Künstler erarbeitet nicht mehr das fertige Kunstwerk, sondern nur noch einen Entwurf und regt damit das Publikum an, selbst schöpferisch tätig zu sein. Das Wort kommt aus dem Lateinischen (Konzept = Entwurf, Plan für ein Vorhaben). Im Englischen heißt diese Richtung Concept Art.
Kooning, Willem de, 1904–1997, holländisch-amerikanischer Maler des Abstrakten Expressionismus.

Kopie Duplikat eines Bildes oder einer Plastik entweder durch den Künstler selbst oder durch einen anderen Künstler.

Kosuth, Joseph, geb. 1945, Hauptvertreter der amerikanischen Concept Art.

Kruger, Barbara, geb. 1945, amerikanische Konzept- und Fotokünstlerin.

Kubismus Stilrichtung der Malerei und Skulptur, die um 1907 in Paris entsteht. Die Künstler lösen die Naturformen in dreidimensionale geometrische Formen auf, wie Kuben, Pyramiden und Kugeln. Sie streben nach Ordnung und durchdachter Organisation in ihren Bildern. Das Wort kommt aus dem Griechisch-Lateinischen und bedeutet: geometrische Formen verwendender Kunststil. Der Kubismus gehört zu den wichtigsten avantgardistischen Strömungen am Beginn des 20. Jahrhunderts. → S. 52

Kunstsammlung Kunstsammlungen existierten bereits im Altertum. Seit der Mitte des 18. Jahrhunderts gab es Bestrebungen, die ursprünglich privaten Sammlungen für ein größeres Publikum zugänglich zu machen. 1793 war z. B. der königliche Kunstbesitz Frankreichs zum Nationaleigentum erklärt und die Galerien des Louvre geöffnet worden.

Kunstwissenschaft Lehre von allen Bereichen der bildenden Kunst.

Kupka, František, 1871–1957, tschechischer Grafiker und Maler des Orphismus und der Abstraction Création.

L

L'art pour l'art (franz. ›Die Kunst um der Kunst willen‹) Wie die französische Bezeichnung sagt, ist dies eine Kunst, die allein um ihrer selbst willen geschaffen wird. Sie ist frei von allen Ansprüchen.

Lafontaine, Marie-Jo, geb. 1950, belgische Video- und Installationskünstlerin.

Lamsweerde, Inez van, geb. 1964, holländische Fotokünstlerin.

Land Art Kunstrichtung, die sich ab 1968 in Amerika entwickelte. Die Künstler gestalten mit Erde, Wasser, Steinen, Sand, Bäumen und Pflanzen in der Landschaft. Land Art bildet Natur nicht ab, sondern versucht, durch Aktionen und Eingriffe Naturerfahrung zu vermitteln. Da diese Kunstwerke vergänglich sind, werden sie in Landkarten, Zeichnungen, Fotos und Texten dokumentiert. Das Wort kommt aus dem Englischen (Land Art = Erdkunst). → S. 130

Landschaftsmalerei Bildnerische Darstellung von Landschaften und Städten.

Lasieren Maltechnik, bei der die Farben so dünn aufgetragen werden, daß andere Farben darunter durchscheinen.

Lassnig, Maria, geb. 1919, österreichische Malerin des Surrealismus und der Neuen Figurativen Malerei.

Lasur Dünne, durchsichtige Farbschicht, die auf eine schon vorhandene Farbschicht aufgetragen wird und diese durchscheinen läßt. Die lasierende Wirkung hängt vom Grad der Farbverdünnung ab.

Laurens, Henri, 1885–1954, französischer Bildhauer des Kubismus.

Lavieren Maltechnik, bei der eine Zeichnung teilweise mit Wasserfarbe bemalt wird, um einen Schatten oder eine räumliche Tiefe darzustellen. Durch Lavieren werden auch malerische Lichtwirkungen und zarte Farbigkeit erzeugt.

Le Corbusier (Charles-Edouard

Jeanneret), 1887–1965, schweizerisch-französischer Maler, Bildhauer und einer der bedeutendsten und einflußreichsten Architekten.
LeWitt, Sol, geb. 1928, amerikanischer Maler, Plastiker und Konzeptkünstler.
Léger, Fernand, 1881–1955, französischer Keramiker und Grafiker, Maler des Kubismus und der Abstraction Création.
Leistikow, Walter, 1865–1908, Maler des deutschen Impressionismus.
Liberty Style Englische Bezeichnung für Jugendstil bzw. Art Nouveau.
Lichtenstein, Roy, 1923–1997, amerikanischer Bildhauer, Grafiker und Maler. Hauptvertreter der amerikanischen Pop Art.
Liebermann, Max, 1847–1935, Maler des deutschen Impressionismus.
Lipchitz, Jacques, 1891–1973, französisch-amerikanischer Bildhauer des Kubismus.
Lissitzky, El, 1890–1941, russischer Designer, Fotograf und Maler des Konstruktivismus und der Abstraction Création.
Lohse, Richard, 1902–1988, Schweizer Maler der Konkreten Kunst.
Lokalfarbe Eigenfarbe eines Gegenstandes in einem Bild, also so, wie dieser bei Tageslicht vor weißem Hintergrund, unabhängig von Licht und Schatten, erscheint.
Long, Richard, geb. 1945, englischer Fotograf, Maler, Installations- und Land-Art-Künstler.
Longo, Robert, geb. 1953, amerikanischer Zeichner, Maler, Bildhauer, Installations- und Medienkünstler.
Lüpertz, Markus, geb. 1941, deutscher Bildhauer und Maler der Neuen Figurativen Malerei.
Luftperspektive Malerisches Verfahren, um mit Hilfe der Farbe Vordergrund und Hintergrund räumlich darzustellen. Blau-grüne Töne vermitteln den Eindruck von Ferne, warme Farben hingegen den Eindruck von Nähe.

M

Mack, Heinz, geb. 1931, deutscher Kinetikkünstler, Mitbegründer der Zero-Bewegung.
Macke, August, 1887–1914, deutscher Maler des Blauen Reiter.
Mackensen, Fritz, 1866–1953, deutscher Maler der Worpsweder Schule.
Magnelli, Alberto, 1888–1971, italienischer Maler der Abstraction Création.
Magritte, René, 1898–1967, belgischer Maler des Surrealismus.
Malerei Verfahren, mit Farben ein beliebiges Motiv künstlerisch darzustellen. Der Künstler benutzt dazu verschiedene Malfarben, die er mit einem Pinsel, Spachtel oder anderen Geräten auf einen Malgrund aufträgt.
Malewitsch, Kasimir, 1878–1935, russischer Maler des Suprematismus.
Malgrund Untergrund, auf dem ein Bild gemalt wird.
Manessier, Alfred, 1911–1993, französischer Maler des Abstrakten Expressionismus.
Manet, Edouard, 1832–1883, französischer Maler des Impressionismus.
Man Ray (Emmanuel Radnitzky), 1890–1976, amerikanischer Maler, Objektkünstler, Filmemacher und Fotograf des Dadaismus und des Surrealismus.
Manieriert Malweise, die nach einer bestimmten Art und Weise (ital. ›maniera‹) gefertigt ist. Der Begriff leitet sich vom Manieris-

mus ab, einer europäischen Stilrichtung von ca. 1515 bis ca. 1610, die durch eine bewußt antiklassische Haltung bestimmt war. Heute versteht man darunter eine eher gekünstelte oder unnatürliche Ausdrucksweise.

Manifest Schriftliche Grundsatzerklärung über eine neue Kunstrichtung, um diese der Öffentlichkeit zu verkünden.

Marc, Franz, 1880–1916, deutscher Maler der Neuen Künstlervereinigung München und des Blauen Reiter.

Masson, André, 1896–1987, französischer Maler des Surrealismus, sein Werk ist wegweisend für das Informel.

Materialbild Aus verschiedenen Materialien (Stoffe, Tapeten, Blech, Sand, Gips, Holz, Kunststoffe und anderes) zusammengesetztes Bild. Solche Kunstwerke werden auch als Collage (von franz. coller = kleben) bezeichnet.

Mathieu, Georges, geb. 1921, französischer Bildhauer und Maler des Tachismus und des Informel.

Matisse, Henri, 1869–1954, französischer Bildhauer, Grafiker und Maler des Fauvismus.

Matta (Roberto Matta Echaurren), geb. 1911, chilenischer Zeichner und Maler des Surrealismus.

Matter Painting Künstlerisches Verfahren, bei dem der Künstler sein fertig gemaltes Bild anschließend mit Gewalt verändert, z. B. durch Aufschneiden, Anbrennen oder Verletzen der Farbschicht durch Säure.

Mattheuer, Wolfgang, geb. 1927, deutscher Maler, Grafiker und Plastiker, Hauptvertreter der Sozialistischen Kunst der DDR.

McLean, Richard, geb. 1934, englischer Maler des Superrealismus.

Meidner, Ludwig, 1884–1966, deutscher Maler des Expressionismus.

Merz, Mario, geb. 1925, italienischer Zeichner, Maler und Objektkünstler. Hauptvertreter der Arte Povera.

Middendorf, Helmut, geb. 1953, deutscher Maler der Neuen Wilden.

Minimal Art Kunstrichtung, die sich seit den sechziger Jahren in Amerika ausbreitet. Hier wird der Inhalt des Bildes auf eine geringe (minimale) Form vereinfacht. Häufig füllt nur ein einziges malerisches Element das gesamte Bild aus, indem es dauernd wiederholt wird. Die Minimal-Künstler entwickelten ihre elementare Formensprache in Reaktion auf den Abstrakten Expressionismus.

Miró, Joan, 1893–1983, spanischer Maler des Surrealismus.

Modern Style Englische Bezeichnung für Jugendstil bzw. Art Nouveau.

Modersohn, Otto, 1865–1943, deutscher Maler der Worpsweder Schule.

Modersohn-Becker, Paula, 1876–1907, deutsche Grafikerin und Malerin der Worpsweder Schule. Wegbereiterin des Expressionismus.

Moholy-Nagy, László, 1895–1946, ungarischer Fotograf, Filmemacher, Objektkünstler. Maler des Konstruktivismus, der Novembergruppe, der Abstraction Création und des Bauhauses.

Mondrian, Piet, 1872–1944, holländischer Maler des Konstruktivismus, der Abstraction Création und Mitbegründer der Gruppe De Stijl.

Monet, Claude, 1840–1926, französischer Maler des Impressionismus und Wegbereiter der Malerei der Moderne.

Monfreid, Georges Daniel de, 1856–1929, französischer Maler des Impressionismus und Pointillismus.
Monochromie Bezeichnung für Einfarbigkeit. In einem Bild kann es sich dabei um eine einzelne Farbe handeln, es können aber auch verschiedene Abstufungen einer Farbe gemeint sein, wie helles, mittleres und dunkles Blau.
Moore, Henry, 1898–1986, englischer Zeichner und Bildhauer des Abstrakten Expressionismus.
Moreau, Gustave, 1826–1898, französischer Maler des Symbolismus.
Morisot, Berthe, 1841–1895, französische Malerin des Impressionismus.
Morley, Malcolm, geb. 1931, englischer Maler des Superrealismus.
Motherwell, Robert, 1915–1991, amerikanischer Maler des Abstrakten Expressionismus und des Action Painting.
Motiv Bezeichnung für das, was den Künstler zu einem Bild anregt: eine Landschaft, ein Mensch, ein Gegenstand, eine Geschichte, eine Musik und anderes. Motiv ist aber auch ein unterscheidbares oder herauszulösendes Element eines Gemäldes, einer Skulptur oder eines Gebäudes.
Mucha, Alphonse, 1860–1939, tschechischer Designer und Maler des Jugendstils.
Muche, Georg, 1895–1987, Maler des Abstrakten Expressionismus.
Muehl, Otto, geb. 1925, österreichischer Künstler des Wiener Aktionismus.
Mueller, Otto, 1874–1930, deutscher Maler der Brücke und des Deutschen Expressionismus.
Münter, Gabriele, 1877–1962, deutsche Malerin der Neuen Künstlervereinigung München und des Blauen Reiter.
Multiple Kunstform, bei der anstelle eines einzelnen Originals Kunstwerke in höheren Auflagen produziert werden. Die Kunst soll so mehr Menschen zugänglich gemacht werden.
Munch, Edvard, 1863–1944, norwegischer Maler des Expressionismus.

N

Nabis Internationale Künstlergruppe, die sich 1889 in Paris formierte. Die Künstler waren gegen eine illusionistisch-naturalistische Imitation der Natur in der Malerei. In ihren Bildern vereinen sich symbolische und dekorative Elemente in einer neuen Ausdrucksform, der flächigen Malerei. Die Bildaussage soll nicht Wirklichkeit, sondern Erscheinung sein. Die Künstler halten sich für die Verkünder einer neuen Welt. Das Wort kommt aus dem Hebräischen (Nebiim = Propheten). → S. 38
Nachdunkeln Fachbegriff für das Dunkelwerden von Ölbildern. Im Laufe von Jahren findet eine chemische Veränderung in den Farbbindemitteln statt. Diese werden dunkler und somit die gesamte Farbe.
Naive Malerei Malweise, die unabhängig von Kunststilen, Kunstschulen und Kunsttraditionen entstanden ist und von Laien ausgeübt wird. Die Bilder sind oft kindlich und unbeholfen. Das Wort kommt aus dem Französischen (naïf = einfältig, arglos).
Nationalsozialistische Kunst Kunst während der Zeit des Nationalsozialismus in Deutschland (1933–1945). Sie ist klischeehaft, unverbindlich und rückschrittlich und hat mit der zeitgenössischen

Kunst nichts gemeinsam. Die Maler zeigen eine verkitschte Scheinwelt von Heimat und Familie und verherrlichen in ihren Bildern Krieg und Heldentum. Keines ihrer Werke ist bekannt, und ihre Namen haben keinen Platz in der Geschichte der modernen Malerei gefunden. → S. 88

Naturalismus Stilrichtung im späten 19. Jahrhundert, die sich um eine absolut naturgetreue Wiedergabe der Wirklichkeit bemüht.

Nauman, Bruce, geb. 1941, amerikanischer Konzept- und Videokünstler.

Nay, Ernst Wilhem, 1902–1968, deutscher Maler des Abstrakten Expressionismus und des Tachismus.

Neo-Impressionismus Kunstrichtung, die um 1886 in Frankreich begründet wurde. Sie wollte den Impressionismus erneuern und entwickelte die neue Maltechnik des Pointillismus. Die gemalte Fläche besteht aus vielen Farbpunkten, die dicht nebeneinander gesetzt werden und erst aus der Ferne betrachtet ein Bild ergeben. Das Wort Neo-Impressionismus kommt aus dem Französischen (néoimpression = neuer Eindruck). → S. 34

Neue Künstlervereinigung München 1909 gegründete Gemeinschaft von Malern. Sie veranstalteten Ausstellungen moderner europäischer Künstler und wurden so mit den Werken moderner Gegenwartsmaler bekannt. Ihre eigenen Bilder sind auch zunächst von den Werken dieser Künstler beeinflußt. → S. 54

Neue Sachlichkeit Bezeichnung für eine in Deutschland vorherrschende Stiltendenz, die vor allem in der Malerei der 20er Jahre zum Ausdruck kam. Die Künstler werden auch Veristen – die Aufrichtigen – genannt, weil sie für eine wirklichkeitsgetreue, aber übertriebene Darstellung der Zustände in ihrer Zeit eintraten. → S. 78

Neue Wilde Kunstrichtung, die um 1980 in Deutschland aufkam. Die Bilder der Künstler sind spontan gemalt, lebensbejahend, unbekümmert und von großer stilistischer Vielfalt. Es sind Werke, die das Lebensgefühl der jungen Generation wiedergeben. Die Maltechnik ist ungehemmt und wild. Der Name ›Neue Wilde‹ ist angelehnt an die frühen französischen Wilden, die Fauves. → S. 138

Neuer Realismus Kunstrichtung, die sich ab 1955 in Europa und Amerika ausbreitete. Die Bezeichnung Realismus bezieht sich auf die Objekte des täglichen Lebens, die in den Bildern dargestellt sind. Teils sind sie gemalt, teils als tatsächliche Objekte auf die Bilder montiert. Daher heißen diese Bilder in Amerika auch Combine Painting = Kombiniertes Bild, und in Frankreich Assemblage = Zusammenfügung. Der Neue Realismus heißt in Frankreich Nouveau Réalisme und in Amerika New Realism. → S. 112

New Image Painting Begriff für amerikanische figurative Malerei im Zuge des Neoexpressionismus der späten 70er Jahre. → S. 140

Newman, Barnett, 1905–1970, amerikanischer Maler des Abstrakten Expressionismus und des Colour Field Painting.

New Realism Amerikanische Bezeichnung für Neuer Realismus.

Nicholson, Ben, 1894–1982, englischer Maler der Abstraction Création.

Nitsch, Hermann, geb. 1938, österreichischer Künstler des Wiener Aktionismus.

Noland, Kenneth, geb. 1924, amerikanischer Maler des Colour Field Painting.
Nolde, Emil, 1867–1956, deutscher Maler der Brücke und des Expressionismus.
Nouveau Réalisme Französische Bezeichnung für Neuer Realismus.
Novembergruppe Gemeinschaft von Malern, die 1918 in Berlin gegründet wurde. Die einflußreiche Künstlergruppe der Weimarer Republik machte es sich zur Aufgabe, eine neue unmittelbare Verbindung zwischen Kunst und Volk herzustellen. Diese Idee entstand unter dem Eindruck der Novemberrevolution 1918 in Deutschland, bei der die Bürger eine entscheidende Mitsprache bei allen Belangen der Regierung forderten. Die Künstler wollten nun auch gegen die Bevormundung durch den Staat kämpfen. → S. 76

O

Objektkunst Kunstform, bei der ein gewöhnlicher Gebrauchsgegenstand des täglichen Lebens von einem Künstler zu einem Kunstwerk erklärt wird. Weitere Bezeichnungen sind: Objets trouvés, Ready-made.
Ölfarbe Malfarbe, die aus Farbpulver und Öl hergestellt und mit einem Pinsel oder Spachtel auf den Malgrund aufgetragen wird. Am häufigsten ist Leinsamenöl, aber auch Mohn- oder Nußöl wird verwendet.
Œuvre Bezeichnung für das Gesamtwerk eines Künstlers.
Oldenburg, Claes Thure, geb. 1929, amerikanischer Pop-Art-Maler und Objektkünstler.
Op Art Strömung der modernen Kunst, die sich ab 1965 in Europa und Amerika etablierte. Typisch für diese Kunstform sind Bilder mit geometrischen, zu Mustern zusammengesetzten Flächen. Diese Muster täuschen Formen vor, die sich drehen, schwingen, hervortreten und zurücktreten. Alles beruht auf einer optischen Täuschung. Der Name kommt aus dem Englischen (Optical Art = optische Kunst). → S. 122
Oppenheim, Dennis, geb. 1938, amerikanischer Konzept-, Performance- und Land-Art-Künstler.
Orphismus Aus dem Kubismus hervorgegangene abstrakte Kunstrichtung, die sich um 1912 in Frankreich ausbreitete. Der Name Orphismus wurde von dem Dichter Guillaume Apollinaire in Anspielung auf Orpheus, den Sänger der griechischen Mythologie, geprägt. Apollinaire meinte, die Malerei des Orphismus mit ihren harmonischen Farbklängen sei den Harmonien der Musik vergleichbar. → S. 64
Overbeck, Fritz, 1869–1909, deutscher Maler der Worpsweder Schule.

P

Paik, Nam June, geb. 1932, koreanischer Video-, Konzept- und Performancekünstler.
Paladino, Mimmo, geb. 1948, italienischer Maler und Bildhauer der italienischen Transavantgarde.
Palette Ovale oder rechteckige Holz- oder Kunststoffplatte, auf der die Farben gemischt werden. Im übertragenen Sinne bezeichnet man mit (Farb-)Palette aber auch die vom Maler verwendeten Farben auf seinem Bild.
Paolozzi, Eduardo, geb. 1924, englischer Bildhauer, Grafiker, Filmemacher und Mitbegründer der englischen Pop Art.
Passepartout Umrahmung, meistens aus Karton, für Bilder, die

unter Glas eingerahmt werden wie Aquarelle, Zeichnungen und Druckgraphik. Der Begriff kommt aus dem Französischen (passe-partout = paßt überall).

Pastellmalerei Trockenmalerei mit farbigen Kreiden. Die Farben lassen sich zu weichen Übergängen vermischen oder in Schraffuren auftragen und bieten unbegrenzte Korrekturmöglichkeiten. Da sie leicht verwischbar sind, müssen die Farben fixiert werden. Die Pastellmalerei ist eine künstlerische Technik, die eine Zwischenstellung zwischen Malerei und Zeichnung einnimmt.

Pastos Malweise, bei der die Farbe in dicken Schichten auf den Malgrund aufgetragen wird.

Pearlstein, Philip, geb. 1924, amerikanischer Maler des Superrealismus und der Neuen Figurativen Malerei.

Pechstein, Max, 1881–1955, Maler der Brücke, der Novembergruppe und des deutschen Expressionismus.

Penck, A. R. geb. 1935, deutscher Maler der Neuen Figurativen Malerei.

Performance Kunstform, bei der es in einer Art schauspielhaftem Geschehen darum geht, Kunst und Alltägliches zusammenzubringen und soziale Lernprozesse freizusetzen. Der Performance liegt immer eine festgeschriebene Absicht der Handlung zu Grunde. Auch Aktionskunst genannt.

Perspektive Kunstmittel, mit dem durch zeichnerische oder malerische Anordnung der Eindruck von Raumtiefe hervorgerufen wird.

Pevsner, Antoine, 1884–1962, russisch-französischer Maler und Bildhauer des Konstruktivismus und der Abstraction Création.

Phantastischer Realismus Kunstrichtung, die sich in den 60er Jahren aus dem Surrealismus entwickelt. Für die Bilder kennzeichnend ist die Darstellung mythologischer Themen, kosmischer Träume, apokalyptischer Visionen und eine traumhaft verfremdete Wirklichkeit. → S. 110

Phillips, Peter, geb. 1939, englischer Pop-Art-Künstler.

Picabia, Francis, 1879–1953, französischer Maler des Dadaismus. Gilt heute als wichtiger Anreger der Postmoderne.

Picasso, Pablo, 1881–1973, spanischer Maler, Bildhauer und Keramiker. Hauptvertreter des Kubismus und des Expressionismus.

Piene, Otto, geb. 1928, deutscher Maler der Op Art, Grafiker und Objektkünstler sowie Mitbegründer der Zero-Bewegung.

Pissarro, Camille, 1830–1903, französischer Maler des Impressionismus.

Pistoletto, Michelangelo, geb. 1933, italienischer Pop-Art-Maler und Installationskünstler.

Pittman, Lari, geb. 1952, amerikanischer Maler des Pluralismus.

Pittura Metafisica Richtung der modernen Malerei, die sich ab 1917 in Italien ausbreitete. Die Künstler meinten, das logische Denken und der gesunde Menschenverstand seien in der Kunst fehl am Platz. Sie malten eine poetische Kunst, die aus der Gegenwart in ein antikes Traumland führt. Der Begriff kommt aus dem Italienischen (Pittura Metafisica = Malerei der übernatürlichen Erscheinungen). → S. 74

Plastik Wie Skulptur ein Begriff der Bildhauerei, neben Malerei und Graphik der dritte große Bereich der bildenden Kunst. Plastik bedeutet das Formen in weichem, plastischem Material. Die Skulptur hingegen umfaßt alles aus hartem Material Gehauene.

Pleinairmalerei Französische Bezeichnung für Malerei unter freiem Himmel (en plein air = im Freien).

Pluralismus Zusammenfassende Bezeichnung für unterschiedliche künstlerische Strömungen der Gegenwart, die nicht auf einen gemeinsamen Ausgangspunkt zurückgeführt werden können.

Pointillismus Bezeichnung für die Maltechnik des Neo-Impressionismus. Der Begriff kommt aus dem Französischen (point = Punkt). Gemeint ist die Malerei aus Punkten und kleinen Strichen. Auch Divisionismus genannt.

Poliakoff, Serge, 1906–1969, russischer Maler des Abstrakten Expressionismus.

Polke, Sigmar, geb. 1941, deutscher Maler der Neuen Figurativen Malerei, Begründer des Kapitalistischen Realismus.

Pollock, Jackson, 1912–1956, amerikanischer Maler, Mitbegründer des Abstrakten Expressionismus.

Polychromie Vielfarbigkeit. Der Gegensatz ist Monochromie = Einfarbigkeit.

Pop Art Kunstrichtung, die sich ab 1956 vor allem in Großbritannien und in den USA entfaltete (popular art = populäre Kunst). Diese Kunst hat keine besonderen Absichten, sie ist jung, bunt, witzig, sexy und schildert den Alltag, der von den Warenwelten der großstädtischen Massenkultur geprägt ist. Bilder von standardisierten Konsumgütern oder banalen Alltagsgegenständen werden seriell variiert und schließlich zum Inbegriff der Pop Art. → S. 116

Porträt Bezeichnung für die künstlerische Darstellung eines oder mehrerer Menschen. Eine andere Bezeichnung ist Bildnis.

Postmoderne Begriff für die Kunst ab den 80er Jahren, die der als lehrhaft (dogmatisch) empfundenen Moderne folgt. Die Moderne sollte mit Zitaten aus der Klassik verändert und erweitert werden. Das Wort wurde zuerst in Bezug auf die Architektur benutzt, später aber auch auf die Malerei angewandt.

Primärfarben Die drei Grundfarben Rot, Gelb und Blau. Diese Farben können nicht durch Mischung anderer Farben erzeugt werden.

Primitive Kunst Richtung der modernen Malerei, die sich an Volkskunst, Kinderkunst oder an die Kunst primitiver Völker anlehnt.

Profane Kunst Weltliche Kunst. Der Gegensatz dazu ist die sakrale (religiöse) Kunst.

Proportion Aus dem Lateinischen stammende Bezeichnung für das ausgewogene Maßverhältnis in einem Kunstwerk (Proportion = Größenverhältnis, rechtes Maß).

Provenienz Bezeichnung für die Herkunft eines Kunstwerks.

Pseudo In der Kunst immer im Zusammenhang mit einer bestimmten Stilrichtung verwendet. Pseudo-Klassik z.B. ist die abwertende Bezeichnung für eine nur scheinbar klassische Kunstform.

Puvis de Chavannes, Pierre, 1824–1898, französischer Maler des Symbolismus.

Q, R

Quinones, Lee George, geb. 1960, puertorikanischer Graffiti-Künstler.

Radziwill, Franz, 1895–1983,

deutscher Maler der Neuen Sachlichkeit.
Rainer, Arnulf, geb. 1929, österreichischer Maler der Neuen Figurativen Malerei.
Ranson, Paul, 1864–1909, französischer Maler der Künstlergruppe Nabis.
Rauminstallation Bezeichnung für ein Kunstwerk, das aus einem vom Künstler gestalteten Raum besteht. Wände, Decke, Fußboden und die im Inneren angeordneten Gegenstände sind zu einem Kunstraum installiert worden, in den der Betrachter hineingehen kann.
Rauschenberg, Robert, geb. 1925, amerikanischer Maler des Neuen Realismus, Wegbereiter der Pop Art.
Ray, Charles, geb. 1953, amerikanischer Bildhauer des Pluralismus.
Ready-made Kunstform, bei der ein gewöhnlicher Gebrauchsgegenstand des täglichen Lebens aus seinem Funktionszusammenhang gelöst und zum Kunstwerk erklärt wird. Eine andere Bezeichnung ist Objektkunst.
Realismus Kunstform, in der die Gegenstände in einem Bild so dargestellt werden, wie sie wirklich sind. Wird auch Naturalismus genannt.
Redon, Odilon, 1840–1916, französischer Maler und Grafiker des Symbolismus.
Reinhardt, Ad, 1913–1967, amerikanischer Maler, Vordenker der Minimal und Concept Art.
Relief Begriff für ein plastisches Bild, bei dem die bildnerischen Elemente in die Fläche eingelassen sind oder aus ihr hervortreten.
Renaissance Kunststil, der sich an die Kunst der Antike anlehnt. Von Italien im 13. und 14. Jahrhundert ausgehend, verbreitet er sich vor allem in West- und Mitteleuropa. Der Begriff lautet übersetzt ›Wiedergeburt‹ und bezieht sich auf das Wiederaufleben älteren Formenguts.
Renoir, Auguste, 1841–1919, französischer Maler des Impressionismus.
Replik Zweitausfertigung eines Kunstwerks, die vom Künstler selbst oder von einem anderen Künstler in seinem Auftrag hergestellt wird. Die Replik ist genau genommen die exakte Kopie des Originals und wird vom Künstler selbst unterschrieben.
Reproduktion Nachbildung eines Werkes zum Zwecke der Vervielfältigung, z.B. für Bücher, Plakate oder Drucke.
Restaurieren Bezeichnung für das Wiederherstellen eines beschädigten Kunstwerks.
Richier, Germaine, 1912–1959, französische Grafikerin und Bildhauerin des Abstrakten Expressionismus.
Richter, Gerhard, geb. 1932, deutscher Maler des Fotorealismus und des Abstrakten Expressionismus.
Riley, Bridget, geb. 1931, englische Malerin der Op Art.
Rivers, Larry, geb. 1923, amerikanischer Bildhauer, Grafiker und Maler des Abstrakten Expressionismus.
Rodin, Auguste, 1840–1917, französischer Bildhauer des Impressionismus.
Rodtschenko, Alexander, 1891–1956, russischer Designer, Fotograf und Maler des Konstruktivismus.
Rohlfs, Christian, 1849–1938, deutscher Maler des Expressionismus.
Romantik Kunstrichtung des 19. Jahrhunderts, die durch starke Gefühlsbetontheit geprägt ist und

sich als Reaktion gegen die Strenge und den Formalismus des Klassizismus entwickelt.

Rosenquist, James, geb. 1933, amerikanischer Bildhauer, Grafiker und Pop-Art-Maler.

Rothenberg, Susan, geb. 1945, amerikanische Malerin des New Image Painting.

Rothko, Mark, 1903–1970, amerikanischer Maler des Colour Field Painting.

Roussel, Kerr-Xavier, 1867–1944, französischer Maler der Künstlergruppe Nabis.

Russolo, Luigi, 1885–1947, italienischer Maler des Futurismus.

S

Salle, David, geb. 1952, amerikanischer Zeichner, Grafiker und Maler des New Image Painting.

Salomé, geb. 1954, deutscher Maler der Neuen Wilden.

Salt, John, geb. 1937, britisch-amerikanischer Grafiker und Maler des Superrealismus.

Santomaso, Giuseppe, 1907–1990, italienischer Maler des Informel.

Saura, Antonio, geb. 1930, spanischer Grafiker und Maler des Abstrakten Expressionismus.

Schad, Christian, 1894–1982, deutscher Maler der Neuen Sachlichkeit.

Schlemmer, Oskar, 1888–1943, deutscher Maler und Bildhauer des Bauhauses.

Schmidt-Rottluff, Karl, 1884–1976, Maler der Brücke, der Novembergruppe und des deutschen Expressionismus.

Schnabel, Julian, geb. 1951, amerikanischer Maler des New Image Painting.

Schrimpf, Georg, 1889–1938, deutscher Maler der Neuen Sachlichkeit.

Schultze, Bernard, 1915–1999, deutscher Maler des Abstrakten Expressionismus und des Tachismus.

Schumacher, Emil, 1912–1999, deutscher Maler des Abstrakten Expressionismus und des Tachismus.

Schwarzkogler, Rudolf, 1940–1969, österreichischer Künstler des Wiener Aktionismus.

Schwitters, Kurt, 1887–1948, deutscher Bildhauer, Typograph, Hauptvertreter des Dadaismus, Maler der Novembergruppe und der Abstraction Création.

Selbstbildnis Bezeichnung für die Selbstdarstellung des Künstlers.

Serielle Kunst Malweise, bei der ein einzelnes Motiv unverändert in einem Kunstwerk aneinandergereiht wird. Es entsteht so eine Serie von gleichen Motiven auf einem Bild.

Sérusier, Paul, 1864–1927, französischer Kunsttheoretiker und Maler der Künstlergruppe Nabis.

Seurat, Georges, 1859–1891, französischer Maler des Neo-Impressionismus.

Severini, Gino, 1883–1966, italienischer Maler des Futurismus und Kubismus.

Sezession Künstlergruppe, die sich von einem bestehenden Kreis ablöst. Am Ende des 19. Jh. entstanden die Münchner, die Wiener und die Berliner Sezession.

Shaped canvas Übersetzt meint dieser engl. Begriff etwa: schöngeformte Bildleinwand. Es geht dabei um neue Formen der Bildformate, die traditionell rechteckig, rund oder oval sind. Die Künstler versuchen, die äußere Bildgestalt dem Bildinhalt anzupassen.

Signac, Paul, 1863–1935, französischer Maler des Neo-Impressionismus.

Signatur Gibt die Urheberschaft auf einem Kunstwerk an. Sie kann aus dem Namen des Künstlers, den Anfangsbuchstaben oder einem Zeichen bestehen. Meistens steht sie am unteren Rand, kann aber auch an jeder beliebigen Stelle im Werk geschrieben sein. Bisweilen ist zum Namen und dem Entstehungsdatum ein erklärender Text oder der Titel hinzugefügt.
Singier, Gustave, 1909–1984, belgischer Maler des Kubismus, Expressionismus und Fauvismus.
Sisley, Alfred, 1839–1899, französischer Maler des Impressionismus.
Sitte, Willi, geb. 1921, Maler, Grafiker. Vetreter der Staatskunst der DDR.
Skizze Der erste Entwurf zur Vorbereitung eines Bildes, Bildwerks oder Bauwerks. Auf dieser Zeichnung werden die wesentlichen Merkmale des Werkes festgelegt. Die Skizze kann auch schon farbig ausgemalt sein.
Skulptur Begriff, der zur Gattung der Bildhauerkunst gehört. Im Gegensatz zur Plastik versteht man unter Skulptur alles aus hartem Material Gehauene.
Slevogt, Max, 1868–1932, Grafiker und Maler des deutschen Impressionismus.
Smithson, Robert, 1938–1973, amerikanischer Land-Art-Künstler.
Sockel Fachbegriff für den Unterbau einer Skulptur oder Plastik.
Sonderborg, K.R.H. (Kurt Rudolf Hoffmann), geb. 1923, deutscher Maler des Abstrakten Expressionismus und des Tachismus.
Soulages, Pierre, geb. 1919, französischer Maler des Abstrakten Expressionismus.
Sozialistischer Realismus Kunstrichtung, die sich ab 1932 erst in Rußland, später in anderen sozialistischen Ländern des Ostblocks ausbreitet. Der Staat schreibt den Künstlern vor, welche Art von Kunst sie herzustellen haben. Diese Kunst ist eng umgrenzt. Sie zeigt Darstellungen aus der Welt der Arbeit, die Verherrlichung der Revolution, des Krieges und der Helden. Alles ist gegenständlich gemalt, einfach zu begreifen und soll möglichst viele Menschen ansprechen. → S. 86
Spoerri, Daniel, geb. 1930, Schweizer Bildhauer, Choreograph, Performance- und Objektkünstler des Neuen Realismus.
Staël, Nicolas de, 1914–1955, französisch-russischer Maler des Abstrakten Expressionismus.
Staffage Bezeichnung für Figuren in einem Landschafts- oder Architekturbild. Sie beleben nicht nur das Gesamtbild, sondern legen durch ihre verschiedenen Größen das Vorne und das Hinten, somit den Maßstab fest.
Staffelei Bezeichnung für das Gestell, auf das beim Malen das Bild gestellt wird.
Stalinistische Kunst Propagandistische Staatskunst der UdSSR, die auch für alle Ostblockstaaten verbindlich wurde und bis Ende der 50er Jahre gültig war. → S. 86
Starr, Georgina, geb. 1968, englische Installationskünstlerin.
Statisch Begriff für Stabilität, Gleichgewicht, Ausgeglichenheit, auch für etwas Stillstehendes, Ruhendes.
Stella, Frank, geb. 1936, amerikanischer Maler des Abstrakten Expressionismus, der später Bildserien in Shaped-canvas-Form entwickelt.
Stil Bezeichnung für die charakteristischen Merkmale eines Kunstwerks. Im großen Rahmen wird mit Stil oder Kunststil, auch das

Werk einer Gruppe von gleichartigen Künstlern bezeichnet.
Stijl, De, 1917 in den Niederlanden gegründete Stilbewegung. Ziel war die Erneuerung der Kunst auf Grundlage eines reduzierten geometrischen Formenvokabulars. Sprachrohr der Bewegung war die Zeitschrift ›De Stijl‹. → S. 72
Still, Clyfford, 1904–1980, amerikanischer Maler des Abstrakten Expressionismus.
Stilleben Bezeichnung für die Darstellung von nicht lebendigen Dingen in einem Bild wie Blumen, Früchte, Gefäße oder Musikinstrumente.
Stuck, Franz von, 1863–1928, deutscher Grafiker, Bildhauer und Maler des Jugendstils und des Symbolismus.
Superrealismus Kunstrichtung, die Ende der 60er Jahre in Amerika und Westeuropa weite Verbreitung fand. Die Künstler malen eine Wirklichkeit, die fotografisch genau und mit überbetonter Schärfe scheinbar unwichtige Details wiedergibt. Auch Hyperrealismus oder Fotorealismus genannt. → S. 124
Suprematismus Kunstrichtung, die sich um 1915 in Rußland ausbreitete. Das bildnerische Mittel dieser Malerei ist die Darstellung von konstruktiven und geometrischen Motiven. Es ist die Kunst des Erfindens von technischen Bildformen. Der Name kommt aus dem Lateinischen (supremus = das Höchste).
Surrealismus Kunstrichtung, die sich um 1924 in einer losen Gruppierung von Malern und Schriftstellern in Europa entwickelte. Die Maler wollen das Traumhafte zusammen mit der Wirklichkeit künstlerisch darstellen. Sie malen Dinge des Lebens zusammen mit erfundenen neuen Gegenständen, die scheinbar nicht in einem sinnvollen Zusammenhang stehen. Es ist eine Malerei von höchst geistigen und emotionalen Empfindungen. Das Wort kommt aus dem Französischen (surréal = über der Wirklichkeit). → S. 82
Sutherland, Graham, 1903–1980, englischer Buchillustrator, Plakatkünstler, Maler des Surrealismus und Porträtmaler.
Suvero, Mark di, geb. 1933, amerikanischer Bildhauer des Pluralismus.
Symbolismus Kunstrichtung, die sich um 1886 in Frankreich ausbreitete. Die Künstler malen Träume, Visionen und Gefühle in mystischen und religiösen Themen. Zur wirklichen Welt wird eine eingebildete Gegenwelt erschaffen. Das Wort kommt aus dem Griechisch-Lateinischen (Symbolik = sinnbildliche Darstellung). → S. 36
Symmetrie Bezeichnung für eine Bildkomposition, bei der auf beiden Seiten der Bildachse spiegelgleiche oder gleichgewichtige Bildelemente angeordnet sind. Das Wort kommt aus dem Griechisch-Lateinischen (Symmetrie = Spiegelbildlichkeit).
Synthetismus (auch: Synthetische Malerei) Symbolistischer Malstil. Die Strömung wurde als Reaktion auf den Divisionismus geprägt. Charakteristisch sind flächig dekorative Bilder aus vereinfachten Formen.

T

Tachismus Strömung der abstrakten Malerei, die sich ab 1945 in Europa entwickelte. Die Künstler malen ihre Bilder spontan und ohne vorher festgelegte Komposition oder Vorzeichnung direkt auf die Leinwand. Das Bild wird beim

Malen zu einer Aktionsfläche, auf der der Künstler seine Gefühle, Stimmungen und Gedanken aufzeichnet. Die Malweise ist gekennzeichnet durch Pinselschwünge, Linien, Punkte, Spritzer und Flekken. Das Wort kommt aus dem Französischen (la tache = Fleck).
→ S. 106

Tafelbild Bild, das auf einer Holztafel, Leinwand oder Pappe gemalt ist, also auf einem flachen transportierbaren Malgrund. Im Gegensatz dazu ist das Wandbild fest auf einer nicht beweglichen Fläche gemalt.

Tanguy, Yves, 1900–1955, französisch-amerikanischer Maler des Surrealismus.

Tannerts, Volker, geb. 1945, deutscher Maler der Neuen Wilden.

Tàpies, Antoni, geb. 1923, spanischer Maler des Abstrakten Expressionismus und der Art brut.

Tatlin, Wladimir, 1885–1953, russischer Formgestalter, Bildhauer und Maler des Konstruktivismus.

Tempera Malfarbe aus Farbpulver und wasserlöslichen Bindemitteln. Sie wird auf Papier, Karton oder Leinwand aufgetragen. Die Farbe ist deckend und wasserlöslich.

Thater, Diana, geb. 1962, amerikanische Installationskünstlerin.

Thieler, Fred, 1916–1999, deutscher Maler des Informel.

Thorn-Prikker, Jan, 1868–1932, holländischer Maler des Jugendstils.

Tobey, Mark, 1890–1976, amerikanischer Maler des Abstrakten Expressionismus und des Informel.

Toorop, Jan, 1858–1928, holländischer Maler des Jugendstils, des Neo-Impressionismus und des Symbolismus.

Toulouse-Lautrec, Henri de, 1864–1901, französischer Grafiker und Maler des Impressionismus.

Transavantgarde Begriff für eine Gruppe italienischer Maler, die sich in Reaktion auf Minimal Art der klassischen Tafelmalerei zuwendeten.

Trier, Hann, 1915–1999, deutscher Maler des Abstrakten Expressionismus.

Triptychon Dreigeteiltes Bild. Ursprünglich war es ein dreiflügeliges Altarbild. Es wird aber auch in der modernen Malerei für nicht religiöse Darstellungen eingesetzt.

Trompe-l'œil Malweise, bei der ein Objekt so naturgetreu dargestellt ist, daß der Betrachter kaum unterscheiden kann, ob es gemalt oder wirklich vorhanden ist. Das Wort kommt aus dem Französischen (le trompe-l'œil = Augentäuschung).

Tübke, Werner, geb. 1929, deutscher Maler und Grafiker. Hauptvertreter der sozialistischen Kunst der DDR.

Twombly, Cy, geb. 1928, amerikanischer Maler des Abstrakten Expressionismus und des Tachismus.

U

Uecker, Günter, geb. 1930, deutscher Objekt- und Kinetik-Künstler, Mitbegründer der Zero-Bewegung.

Uhlmann, Hans, 1900–1975, deutscher Bildhauer des Abstrakten Expressionismus.

Unikat Bezeichnung für die einzige Ausführung eines Kunstwerks. Der Gegensatz ist das Duplikat, die zweite oder weitere Ausführung. Das Wort kommt aus dem Lateinischen (unicum = etwas, was es nur einmal gibt).

Untermalung Maltechnik, bei der auf den Bildgrund erst eine oder mehrere Schichten Farbe aufgetragen werden. Diese Farbflächen geben bereits den Stimmungsfarbton des dann darauf gemalten Bildes wieder.

V

Valeur Bezeichnung für Tonwerte und feine Farbabstufungen in einem Bild. Durch Farbabstufungen bekommt das Bild seinen bedeutenden Charakter. Das Wort kommt aus dem Französischen (le valeur = Bedeutung oder Geltung).

Vallotton, Félix, 1865–1925, schweizerisch-französischer Grafiker und Maler der Künstlergruppe Nabis.

Vanitas Bezeichnung für ein Bild, auf dem Symbole irdischer Vergänglichkeit dargestellt sind. Häufig sind dies Totenköpfe, Sanduhren, erloschene Kerzen oder zerbrochene Säulen. Das Wort kommt aus dem Lateinischen (vanitas = eitel, im Sinne von ›nichtig, vergänglich‹).

Vantongerloo, Georges, 1886–1965, belgischer Architekt, Plastiker und Maler der Abstraction Création.

Vasarely, Victor, 1908–1997, ungarisch-französischer Op-Art-Maler.

Vedova, Emilio, geb. 1919, italienischer Maler des Abstrakten Expressionismus.

Velde, Henri van de, 1863–1957, belgischer Maler des Jugendstils.

Verismus Bezeichnung für eine künstlerische Darstellungsart, die übertrieben wahrheitsgetreu ist. Der Begriff wird auch eingesetzt für eine Kunstrichtung innerhalb der Neuen Sachlichkeit, für Bilder mit sozialkritischen und politischen Inhalten. Diese Maler nennt man auch Veristen. Das Wort kommt aus dem Lateinischen (verus = wahr).

Verkade, Jan, 1868–1946, holländischer Maler der Künstlergruppe Nabis.

Vernissage Eröffnung einer Kunstausstellung, bei der außer den Gästen auch die Künstler anwesend sind. Hier haben die Besucher Gelegenheit zu einem Gespräch mit den Künstlern. Das Wort kommt aus dem Französischen (le vernis = Firniß. Die Bezeichnung weist darauf hin, daß die Bilder meist erst am Abend vor der Eröffnung gefirnißt wurden).

Videokunst Ihre Anfänge liegen in den 60er Jahren und gehen einher mit der Popularisierung des Fernsehens. In den 80er Jahren kommt es zu vielfältigen Erscheinungsformen der Video-Kunst, Video-Installationen werden zu einer bedeutenden Gattung der Gegenwartskunst. Seit dem 90ern ist die Tendenz zur Verschmelzung mit der Computerkunst deutlich erkennbar. → S. 120

Vieira da Silva, Maria Helena, 1908–1992, portugiesisch-französische Malerin des Abstrakten Expressionismus.

Vinnen, Carl, 1863–1922, deutscher Maler der Worpsweder Schule.

Vlaminck, Maurice de, 1876–1958, französischer Maler des Fauvismus.

Vogeler, Heinrich, 1872–1942, deutscher Architekt, Grafiker und Maler der Worpsweder Schule.

Vostell, Wolf, 1932–1998, deutscher Grafiker, Maler und Objekt-, Fluxus- und Happeningkünstler.

Vuillard, Edouard, 1868–1940, französischer Maler der Künstlergruppe Nabis.

W

Wachsmalerei Maltechnik, bei der heiße Wachsfarbe auf einen

Malgrund aufgetragen wird. Eine andere Bezeichnung ist Enkaustik.
Wachweger, Thomas, geb. 1943, deutscher Maler der Neuen Wilden.
Wall, Jeff, geb. 1946, kanadischer Fotokünstler des Pluralismus und der Concept Art.
Wandmalerei Malerei auf Gewölben, Wänden und Decken eines Gebäudes. Sie ist die älteste Form der Malerei. Schon in vorgeschichtlicher Zeit haben Menschen in Höhlen auf Wände und Decken gemalt.
Warhol, Andy, 1928–1987, amerikanischer Grafiker, Pop-Art-Maler und Filmemacher.
Weiner, Lawrence, geb. 1942, amerikanischer Konzeptkünstler der Concept Art.
Werefkin, Marianne von, 1860–1938, russische Malerin der Neuen Künstlervereinigung München und des Blauen Reiter.
Wesely, Michael, geb. 1964, deutscher Fotokünstler.
Wesselmann, Tom, geb. 1931, amerikanischer Bildhauer und Grafiker, Maler und Mitbegründer der amerikanischen Pop Art.
West, Franz, geb. 1947, österreichischer Bildhauer des Pluralismus, Objekt- und Aktionskünstler.
Wiener Aktionismus Bezeichnet eine Gruppierung der 60er Jahre in Österreich. Die Künstler wollten mit ihren Happenings bewußt Tabus brechen und so das Bewußtsein erweitern. → S. 118
Wiener Schule Gemeinschaft von Künstlern, die sich um 1945 in Österreich formierte. Die Künstler versuchen, in ihren Bildern die Wirklichkeit und die Vorstellung einer anderen Welt zu vereinen. Ihre Malerei ist dem Surrealismus nahe. Die Gruppe ist auch bekannt als die Wiener Schule des Phantastischen Realismus. → S. 110
Wiener, Oswald, geb. 1935, österreichischer Künstler des Wiener Aktionismus.
Winter, Fritz, 1905–1976, deutscher Maler des Abstrakten Expressionismus.
Wissel, Adolt, 1894–1973, deutscher Maler in der Zeit des Nationalsozialismus.
Wols (Alfred Wolfgang Schulze), 1913–1951, deutsch-französischer Maler des Abstrakten Expressionismus, des Tachismus und des Informel.
Wool, Christopher, geb.1955, amerikanischer Installationskünstler.
Worpsweder Schule Gemeinschaft von Malern, die um 1895 in Norddeutschland entstand. Die Künstler malten Landschaftsmotive in einer märchenhaften, romantisch durchdrungenen Bildwelt. Der Name leitet sich von dem Dorf Worpswede, dem Wohnort der Künstler ab. → S. 44
Wotruba, Fritz, 1907–1975, österreichischer Maler, Zeichner und Bildhauer des Abstrakten Expressionismus.

Z

Zadkine, Ossip, 1890–1967, russisch-französischer Bildhauer des Analytischen Kubismus und des Abstrakten Expressionismus.
Zero Bezeichnet eine um 1960 entstandene Künstlergruppe, die die Tradition des Tafelbildes ablehnte, um beginnend bei Null (Zero) einen Neuanfang der bildnerischen Tätigkeit zu proklamieren. Die Gruppe hatte großen Einfluß auf die Entwicklung der Op Art und der Kinetischen Kunst.
Zimmer, Bernd, geb. 1948, deutscher Maler der Neuen Wilden.

Der Impressionismus ist eine Revolution in der Malerei – er begründet das neue Zeitalter der Kunst des 20. Jahrhunderts. Seinen Namen erhält der neue Kunststil von Monets Bild *Impression, Soleil levant.* ■ Die jungen Maler, die 1874 ihre erste gemeinsame Ausstellung veranstalten, sind Freunde: **Jean Frédéric Bazille**, **Paul Cézanne**, **Edgar Degas**, **Claude Monet**, **Berthe Morisot**, **Camille Pissarro**, **Auguste Renoir**, **Alfred Sisley**. **Edouard Manet**, der sich mit der Gruppe verbunden fühlt, nimmt an der Ausstellung nicht teil. ■ Sie verlassen ihre Ateliers, um in der Natur zu malen. Das ist ganz neu. Sie malen in den Wäldern, an der Seine, an der Kanalküste, auf Pferderennplätzen, in Gartenlokalen, Cafés, in den Theatern und im Zirkus. ■ Der Lichtwechsel, die Bewegung der Menschen und Tiere erfordern eine schnelle Malweise. Sie versuchen, den Augenblick festzuhalten. So entsteht eine flüssige, farbenreiche und luftige Atmosphäre in ihren Bildern, die oft den Eindruck erwecken, sie seien unfertig. ■ Aus den Bildern verschwinden die Umrißzeichnungen, es wird keine Perspektive mehr eingesetzt. Schwarz, Grau und Braun werden nicht mehr verwendet, stattdessen die Farben des Prismas, Blau, Grün, Gelb, Orange, Rot und Violett. Oft werden sie nicht mehr auf der Palette gemischt, sondern in reinen Tönen auf die Leinwand gemalt. In Linien, Tupfern, Strichen sind sie nun so nebeneinander gesetzt, daß sie sich im Auge des Betrachters zu einer neuen Farbe mischen. ■ Die Gruppe löst sich auf, nachdem ihr geistiger Führer Edouard Manet 1883 stirbt. ■ Viele der großen Wegbereiter anderer Kunststile haben eine Zeit lang auch als Impressionisten gemalt, wie Paul Gauguin, Vincent van Gogh, Wassily Kandinsky, Henri Matisse, Edvard Munch, Pablo Picasso und Henri de Toulouse-Lautrec.

Paul Cézanne, La Montagne Sainte-Victoire, um 1900,
Öl auf Leinwand, 78 x 99 cm, Staatliche Eremitage, Sankt Petersburg

Claude Monet, Impression, Soleil levant, 1872,
Öl auf Leinwand, Musée Marmottan, Paris

Impression, Soleil levant (Eindruck, Sonnenaufgang) nennt der Maler dieses Bildes, Claude Monet, die morgendliche Hafenszene, die er 1872 malt und 1874 im Atelier des Fotografen Nadar in Paris ausstellt. Die Kritiker spotten über diese ungewöhnliche Malerei und sagen ›Impressionismus‹. So entsteht der Name für die Malerei eines revolutionären Kunststils, der als Beginn der Moderne gilt.
Die Malerei im Freien ist zum Merkmal aller Bilder dieser Zeit geworden. Die augenblickliche Wirkung von Licht, Schatten, Atmosphäre und Bewegung wird eingefangen, die flüchtigen Impressionen, wie die Künstler sagen.
Bei der Verwirklichung ihrer Arbeitsweise sind sie darauf angewiesen, die oft wechselnden Stimmungen der Natur, das sich ständig verändernde Licht möglichst schnell im Bild festzuhalten.
Das führt dazu, daß die leuchtenden Farben und der kühne Pinselstrich die Gemälde im Vergleich zu klassischen Werken roh und unfertig erscheinen lassen. Es ist eine freie, spontane Maltechnik, in der ohne Vorzeichnung mit großem Tempo gearbeitet wird. Sie ist großzügig und schwungvoll.

Als 1874 der Impressionismus in der Malerei beginnt, ist der Bildhauer **Auguste Rodin** 34 Jahre alt. Er wird zeitlebens in der Umgebung der Impressionisten arbeiten. So zeigt er auch die erste Ausstellung seiner Werke zusammen mit Bildern von Claude Monet. ▪ Die wichtigen malerischen Merkmale des Impressionismus wie Licht, Schatten, Stimmung, Bewegung und das Erfassen eines Augenblicks sind auch in den Bildhauerarbeiten Rodins zu erkennen. ▪ Mit dieser neuartigen Gestaltungsform hat Rodin die bisherige gegenständliche, kunsthandwerkliche, akademische Bildhauerei abgelöst und einen großen Freiraum für die Bildhauerkunst eröffnet. ▪ Die Figuren und Bildnisse werden nun frei interpretiert, Gesten und Ausdruck oft übertrieben dargestellt, manchmal sogar verzerrt, um auf etwas Besonderes hinzuweisen, um es deutlich zu machen. ▪ Auguste Rodin gilt als der bedeutendste Bildhauer des Impressionismus. Sein Werk hat großen Einfluß auf die Arbeiten des nachfolgenden Symbolismus und des Jugendstils. ▪ Nur wenige Bildhauer sind in den Jahren des Impressionismus bekannt geworden. Zu nennen sind **Camille Claudel** sowie die Maler und Bildhauer **Edgar Degas** und **Auguste Renoir.**

Edgar Degas,
Kleine vierzehnjährige Tänzerin, 1879–81,
Bronze, Höhe 95,2 cm,
Musée d'Orsay, Paris

Camille Claudel, Das reife Alter oder Das Verhängnis, um 1894, Gips,
87 x 100 x 53 cm, Musée Rodin, Paris

Auguste Rodin, Der Denker, 1904, Bronze, 180 x 108 x 141 cm,
Musée Rodin, Paris

Der Denker ist wohl das bekannteste Werk des Bildhauers Rodin. Es entsteht in der 1. Fassung 1880 und war ursprünglich eine Figur im Relief des sogenannten *Höllentor*, einer mit Figuren geschmückten Tür für das Musée des Arts Décoratifs in Paris.

Neo-Impressionismus

Der Neo-Impressionismus ist die Opposition gegen den Impressionismus. Es geht darum, den in Routine versinkenden Impressionismus zu erneuern. Er ist einigen Malern zu formlos und unbestimmt, zu willkürlich. Sie wollen ihn deshalb mit einer Methode neu ordnen, die eine wissenschaftliche Grundlage besitzt. Georges Seurat ist hierbei der Wegbereiter. Sein Bild *Sonntagnachmittag auf der Insel Grande Jatte*, 1886 in einer Ausstellung gezeigt, ist das Leitbild der neuen Farbtheorie, der neuen Maltechnik und der neuen Auffassung von Bildkomposition. ■ Der Kreis der jungen Maler ist klein, als sie sich 1886 zu einer Künstlergruppe zusammenschließen. Es sind **Georges Seurat**, **Paul Signac**, **Henri-Edmond Cross** und **Camille Pissarro**. Wie die Impressionisten finden sie ihre Bildthemen in der Natur, aber sie machen draußen nur Zeichnungen und Farbentwürfe, die Bilder selbst entstehen im Atelier. Diese Bilder werden mit großer Sorgfalt entworfen. Bevor auch nur der erste Pinselstrich erfolgt, werden die Farben nach festgelegter Anzahl und Reihenfolge ausgesucht. Das Bild ist gewissermaßen im Kopf schon gemalt. Nichts wird dem Zufall überlassen. Es ist eine Malerei nach wissenschaftlichen Prinzipien. ■ Die gemalten Flächen sind aufgelöst in Tausende kleiner Farbstriche und Farbpunkte. Das Motiv wird vereinfacht dargestellt, es löst sich vom Gegenständlichen, die Komposition wirkt sehr streng. Die Farben flimmern und vibrieren. Sie werden unvermischt auf dem Bildgrund nebeneinander gesetzt. Die Striche und Tupfer lassen viel von der Leinwand sehen, erst aus genügender Entfernung betrachtet wird die Verschmelzung von Farbe und Malgrund durch das Auge des Betrachters vollzogen. ■ Der Neo-Impressionismus wird auch Pointillismus genannt. Dieser Begriff bezieht sich auf die Maltechnik; das französische Wort ›point‹ bedeutet Punkt. Ein weiterer Begriff für diesen Kunststil ist das Wort Divisionismus. Division heißt im Deutschen Teilung, Zerlegung, also das Zerlegen der Farbflächen in Striche und Punkte. ■ Die Gruppe der Maler löst sich nach dem frühen Tod ihres Wortführers Seurat ab 1891 auf. Nur einige bleiben dem Geist der neuen Methode treu. Der Einfluß auf die nachfolgenden Kunstrichtungen ist jedoch unbestritten.

Georges Seurat, Badende in Asnières, 1883/84, Öl auf Leinwand, 201 x 301,5 cm, The National Gallery, London

Aus vielen Zeichnungen, Detailbildern und am Ort gefertigten Naturstudien hat der Maler dieses Bild komponiert. Er überläßt nichts dem Zufall, alles entsteht nach genauer Planung.
Für ihn ist es wichtig, eine klare und genaue Formulierung für die Regeln der Harmonie, der Linien, des Lichtes und der Farben zu finden. Er beginnt nicht zu malen, ehe er nicht die Gesamteinteilung seiner Komposition im Geiste vollendet hat.
Doch trotz aller Ordnung und Strenge sind die gemalten Flächen lebendig und das Licht vibrierend und funkelnd.

1886

Symbolismus

Der Symbolismus ist anfangs eine literarische Bewegung, die von Frankreich ausgeht und bald auf ganz Europa übergreift. 1884 erscheint das Buch des französischen Schriftstellers Joris-Karl Huysmans: ›A Rebours‹ (Gegen den Strich). Es wird zum Schlüsselwerk des Symbolismus. In der Malerei findet um 1886 durch Gauguin der entscheidende Schritt zum malerischen Symbolismus statt. Die Abwendung vom Impressionismus ist eine Opposition gegen die Kunst der sichtbaren Welt. Neue Bildinhalte sind jetzt die Darstellungen von Gefühlen, Träumen und Visionen. Die Künstler tauchen in das Reich der Phantasie ein, sie leben in der Welt des Unbewußten. Mystik und Religion werden zum großen Thema. Sie malen nicht mehr in der Natur, sondern kehren zurück in das Atelier. ■ Es sind in Frankreich drei Maler, die als Vorläufer des Symbolismus gelten, drei Einzelgänger, die keiner Gruppe angehören: **Pierre Puvis de Chavannes**, **Gustave Moreau** und **Odilon Redon**. Ihre Bilder beeinflussen einen Freundeskreis jüngerer Künstler, den Symbolismus zu ihrem Programm zu machen. **Paul Gauguin** wird ihr geistiger Führer. Die anderen sind **Louis Anquetin**, **Emile Bernard**, **Daniel de Monfreid** und **Emile Schuffenecker**. Während der Weltausstellung 1889 stellen sie den Symbolismus in der Malerei der Öffentlichkeit vor. ■ Vergleicht man die Bilder der Symbolisten mit denen der zeitgleichen Neo-Impressionisten, so fällt auf, wie völlig anders Bildinhalte und Malstil sind. Bei den Symbolisten wird die Bildkomposition von großen gemalten Flächen beherrscht, dunkle Konturen werden als Umrandung der Figuren und Motive eingesetzt, die Farben sind leuchtend und intensiv, sie sind kraftvoll und gleichmäßig aufgetragen. Einflüsse asiatischer Farbholzschnitte werden sichtbar, Stilelemente der ägyptischen und griechischen Kunst klingen an, selbst dekorative, idealistische Figurenmalerei der Volkskunst spürt man. ■ Ein Kunststil ist der Symbolismus nicht, man kann ihn als Kunstströmung bezeichnen, in der sich das Wesen einer jungen Generation ausdrückt, die nach dem Neuen, Unbekannten sucht. Der Einfluß, den der Symbolismus auf die Entwicklung der Malerei nimmt, ist jedoch bedeutend. Er zeigt sich im Werk der Nabis und der Präraffaeliten und außerhalb Frankreichs in den Bildern von James Ensor, Henry van de Velde und Edvard Munch. Auch der Jugendstil erhält vom Symbolismus viele Anregungen.

Paul Gauguin, Die Vision nach der Predigt oder
Der Kampf Jakobs mit dem Engel, 1888, Öl auf Leinwand,
73 x 92 cm, National Gallery of Scotland, Edinburgh

Gauguins Gemälde stellt die Vision einiger Landfrauen dar, die sehen, wie Jacob, der Stammvater Israels, mit dem Engel ringt.
In einer kraftvollen Bildkomposition wird durch den schräg verlaufenden Baum die Wirklichkeit des Vordergrundes von der Unwirklichkeit des Hintergrundes, der Vision, getrennt. Beherrschend ist das Rot des Bodens, die schwarzweiße Tracht der bretonischen Bäuerinnen und die symbolhaften Farben Grün, Blau und Gelb der kämpfenden Gestalten.
Das Bild zeigt die neue Auffassung von Malerei: Die Kraft der Farbe wird gesteigert und die Form vereinfacht. Die Künstler sind zunächst nur Landschafts- und Stillebenmaler. Aber im Sog der neuen Ideen der Dichter und Philosophen finden immer mehr Themen des Symbolismus Eingang in ihre Bilder.

Nabis

Das Wort Nabis stammt aus dem Hebräischen und heißt Propheten. So bezeichnet sich eine Gruppe junger Maler, die aus dem Umfeld der Symbolisten kommt und erstmals als Gruppe 1889 in Paris ausstellt. Ihr Programm ist wie bei den Symbolisten gegen den Naturalismus in der Malerei gerichtet. ■ Bei ihren Diskussionen sprechen die Nabis viel über Esoterik, also die Geheimlehren der Religionen, über Synthese, das Zusammenfügen von Teilen zu einem höheren Ganzen und auch über Symbolik. ■ Zu einer Art Heilslehre wird **Paul Gauguins** Bekenntnis, daß die Malerei eine höhere Wirklichkeit anstrebe als die der sinnlichen Wahrnehmung. **Paul Sérusier** ist der Mittelsmann zwischen Gauguin und der Gruppe der Nabis, deren Mitglieder alle sehr jung, zwischen 20 und 30 Jahre alt, sind: **Pierre Bonnard**, **Maurice Denis**, **Paul Ranson**, **Kerr-Xavier Roussel, Félix Vallotton**, **Jan Verkade** und **Edouard Vuillard.** ■ Sie sind eine ungleiche Gruppe voller Schwärmerei und Idealismus. Mit ihrer aufgeschlossenen Intelligenz interessieren sie sich für alles, was die Zeit an Fortschrittlichem hervorbringt. Sie sind in ihrem Denken der Zeit voraus, sie sind Avantgardisten. In ihrem Werk vereinen sie symbolische und dekorative Malweise zu einer neuen antinaturalistischen Kunst. Die dreidimensionale, räumliche Malerei tritt zugunsten einer absoluten Zweidimensionalität zurück. Die Kompositionen sind strenge Gerüste mit großen, gemalten Flächen. Die Maler versuchen auf verschiedene Art und Weise dem Betrachter zu vermitteln, daß ihre Bildaussage nicht Wirklichkeit, sondern Erscheinung ist. ■ Ihre Zeichnungen und Lithografien sind so hervorragend, daß sie zu einem neuen Illustrationsstil werden. Bonnard, Vallotton und vor allem der ihnen nahestehende **Henri de Toulouse-Lautrec** sind die Meister. Es ist der Beginn der berühmten französischen Plakatkunst. Von hier aus tritt die Werbung ihren Siegeszug um die Welt an.

Henri de Toulouse-Lautrec, Jane Avril, 1893, Farblithografie, 124 x 91,5 cm

Maurice Denis, April, 1892, Öl auf Leinwand,
37,5 x 61 cm, Rijksmuseum Kröller-Müller, Otterlo

Dieses Bild ist mit seinem Thema den Symbolisten verwandt, zeigt aber bereits in der Darstellung des kurvenreichen Weges und der Ornamente im linken Vordergrund die ersten Anzeichen des Jugendstils. Die Bildflächen sind malerisch wenig gestaltet, die Perspektive wird nur durch das Kleinerwerden der Figuren angedeutet. Selbst die entfernt liegende Landschaft ist mit einem vordergründigen warmen Rot gemalt. Alles ist in einer harmoniesuchenden sanften Farbe dargestellt.
Die körperlichen und räumlichen Werte treten zugunsten einer Zweidimensionalität zurück. Es geht den Nabis nicht um die Nachahmung der Natur. Sie wollen ihre Träume, ihre Gefühle, ihre Seele, ihre Phantasien und ihre Religiosität in der Malerei ausdrücken, und sie wollen die Kunst zur Naivität ihrer frühen Anfänge zurückführen. Bei Maurice Denis geht dies soweit, daß er ein Atelier für sakrale Kunst eröffnet und damit Einfluß auf die christliche Kunst in Europa ausübt.
Von ihm stammt übrigens die berühmte These: Ein Bild – bevor es ein Schlachtroß, eine nackte Frau oder irgendeine Anekdote ist – ist im Wesentlichen eine flache, von Farben in einer bestimmten Anordnung bedeckte Fläche.

Jugendstil

Die Epoche der Symbolisten und Nabis endet um 1900. Der Beginn des Jugendstils liegt bereits im Jahr 1890. Diese Überschneidung von 10 Jahren zeigt, daß die Künstler dieser drei Stilrichtungen durchaus Nähe zueinander haben. ▪ Die Zielrichtung des Jugendstils ist zunächst, Kunst als Gesamtkunstwerk erscheinen zu lassen. Die Engländer nehmen als erste die Gegenstände des täglichen Lebens unter die Disziplin der Ästhetik. Sie schaffen die Arts-and-Crafts-Bewegung, der es darum geht, Kunst und Handwerk zu verbinden. Die Idee eines auf Formschönheit bedachten Lebensstils ist geboren. Das Zeitwort heißt: Aufbruch der Jugend. ▪ In der Malerei, liegt das Hauptaugenmerk auf der Verbindung von gegenständlich-figuralen und ornamentalen Elementen. Die Handschrift des Malers zeigt sich in den Linien der Umrisse und in den dekorativen Zeichnungen von Ornamenten, Ranken und Arabesken. Die Farben innerhalb der Linien sind klar und flächig aufgetragen. Es herrscht ein gleichmäßiges Nebeneinander von Linien, Formen und Farben. Leuchtende Farben werden nur sparsam eingesetzt. Sie sind inmitten einer gedämpften Umgebung etwas besonders Wertvolles. Die bedeutendste Farbe ist Blau, die symbolische Kraft für die Träume, das Märchenhafte und für die Melancholie. ▪ Die Bildthemen sind Kindheit und Jugend, Brautzeit und Mutterglück, Poesie und Musik, Liebe und Schönheit. Der Bildaufbau bekommt eine besondere Bedeutung. Figuren werden am Bildrand angeschnitten, dem Körper fehlen Beine; Köpfe enden an der Stirn, es wird nur der Teil des Bildes gemalt, der für die geistige Bedeutung des Bildes wichtig ist. Das Auffälligste sind jedoch die Ornamente. Anfänglich werden sie aus Naturformen abgeleitet, das ist der florale Stil. Später sind diese Ornamente nichts als bedeutungslose, reine Formen: Der abstrakte Ornamentalstil ist geboren. Diese Richtung führt auf direktem Weg zur abstrakten Malerei Kandinskys. ▪ Die Zeit des Jugendstils ist nur kurz. Sie dauert ungefähr von 1890 bis 1910.

Jugendstil-Ornament

Gustav Klimt, Erfüllung, Detail aus dem Fries im Palais Stoclet, Brüssel, 1905–1911, Tempera, Aquarell, Kreide, Gold, Silber auf Packpapier

Die Bilder des Jugendstils zeichnen sich durch eine sehr betonte Ornamentik aus. In diesem Bild des Malers Gustav Klimt tritt das eigentliche Thema, die Umarmung und der Kuß, ganz in den Hintergrund. Vorherrschend sind die großen Farbflächen, die mit floralen und abstrakten Elementen ausgefüllt sind.
Der Hintergrund ist mit einem Muster aus floralen Ornamenten bedeckt. Der Mantel des Mannes im Vordergrund zeigt schon den abstrakten Ornamentalstil. Die Ausmalungen in den quadratischen und rechteckigen Formen sind ungegenständlich. Sie sind Vorzeichen der wenig später beginnenden abstrakten Malerei.

Deutscher Impressionismus

Das Beharrungsvermögen des Impressionismus gehört zum künstlerischen Zeitgeschehen. Daher ist das impressionistische Grunderlebnis, das Zusammenwirken von Atmosphäre, Licht und Farbe, auch 20 Jahre später noch Allgemeingut, als der deutsche Impressionismus um 1893 entsteht. 1893 wird die Berliner Sezession gegründet, mit ihr trennen sich viele Künstler von den traditionellen Gemeinschaften. Es bildet sich eine Gruppe von Malern, Architekten, Grafikern und Bildhauern, die den Kontakt mit gleichgesinnten Künstlern in Europa sucht. **Max Liebermann**, damals 46 Jahre alt, ist der geistige Führer der Maler. Eine neue Kunstform wird gesucht. Sie soll das ästhetische Ideal der Zeit verkünden, jeder Künstler soll die Möglichkeit haben, sich nach seinen Kräften zu entfalten, gegen die Gesellschaft, gegen den Staat, aber auch gegen moderne Kunstrichtungen. Hiermit meinte man die beginnende expressionistische Malerei der ›Brücke‹ und der ›Fauves‹. Drei Künstler werden die bedeutendsten Vertreter des deutschen Impressionismus, **Max Liebermann**, **Lovis Corinth** und **Max Slevogt**. ■ Die Kunst Liebermanns ist zunächst geprägt durch die Tradition der realistisch-naturalistischen Malerei. Hier ist er ein anerkannter Meister. Nach seiner Hinwendung zum Impressionismus malt er weiterhin Szenen aus dem gutbürgerlichen Leben in der Illusion einer heiteren Welt. Doch entfernt er sich von der Sachlichkeit des Naturalismus. Seine Bilder werden lichtvoller und das »Lebendigmachen der Dinge im Bild« wird seine vornehmste Aufgabe. ■ Der zweite bedeutende deutsche Impressionist ist Lovis Corinth. In seiner Kunst zeigen sich zunächst realistische und barocke Einflüsse. Seine Malerei ist sinnlich, er verherrlicht den Menschen in seinen Bildnissen, die Blumenbilder und Landschaften sind Hymnen auf die Natur voll blühender Farbigkeit. ■ Max Slevogt, der jüngste der drei Künstler, ist der modernste, seine impressionistische Malerei reicht bereits in den Expressionismus hinein.

Lovis Corinth, Regenstimmung am Walchensee, 1923, Öl auf Leinwand, 70 x 100 cm, Privatsammlung

Max Liebermann, Die Birkenallee im Wannseegarten,
Blick auf das Kohlfeld, 1919, Öl auf Leinwand,
70 x 90 cm, Privatbesitz, Stuttgart

Max Liebermann hat oft gesagt, ein Maler solle nicht so sehr *nach* der Natur gestalten, sondern *wie* sie gestalten. Dieser Naturalismus wird in seinem Werk noch durch die Elemente des Impressionismus erweitert. Es ist sicher einengend, bedeutende Künstler in eine Stilrichtung, einen ›Ismus‹ zu zwängen. Aber es ist unvermeidbar, wenn man damit die vorherrschende Tendenz und das Charakteristische dieser Kunst erklären will.
Dieses Bild malt Max Liebermann 1919. Er ist 71 Jahre alt und hat noch 16 schaffensreiche Jahre vor sich. Die Zeit des französischen Impressionismus ist zwar schon 50 Jahre vorüber, aber dessen anhaltenden Einfluß zeigt er auch in diesem Werk.
Vor allem die impressionistische Leichtigkeit, das zauberhafte Licht und die Heiterkeit eines Sonnentages sind beeindruckend dargestellt. Der Maler sagt dazu: »Man muß die Natur als etwas Lebendiges empfinden, will man sie lebendig darstellen.«

Worpsweder Schule

Die deutsche Kunst der Jahre um 1890 ist hauptsächlich durch die Arbeiten der Maler Kaulbach, Lenbach, Böcklin, Makart und Piloty geprägt. Sie arbeiten an Landschaftsbildern mit Gestalten der antiken Mythologie. Ihr Stil ist romantisch, realistisch und kommerziell ausgerichtet. Kopien ihrer Bilder fehlen in keinem guten Bürgerhaus. ■ Um 1889 treffen sich in Worpswede bei Bremen einige Künstler – ebenfalls Landschaftsmaler – die beschließen, in der Natur zu bleiben und ihre »Empfindungen im bewundernden Anschauen der Natur weiterzubilden«. Sie gründen 1895 die Worpsweder Schule und stellen im gleichen Jahr in München mit großem Erfolg aus. Es sind die Maler **Hans am Ende**, **Fritz Mackensen**, **Otto Modersohn, Fritz Overbeck, Carl Vinnen** und **Heinrich Vogeler**. 1898 kommt **Paula Becker** dazu. Sie heiratet zwei Jahre später Otto Modersohn. ■ Die Maler leben und arbeiten in unmittelbarem Kontakt mit der Natur und der einfachen bäuerlichen Bevölkerung. Ihre Bildthemen finden sie in der Umgebung zwischen Moor und Heide. Es sind märchenhafte Bildwelten, romantisch durchdrungen, eine Vermischung von deutschen Gefühlswerten und ästhetischen Elementen der französischen Landschaftsmalerei. Ihre Bilder sind häufig übertrieben gefühlsbetont, manchmal sentimental und oberflächlich dekorativ. ■ Die herausragende Künstlerin dieser Gruppe wird Paula Modersohn-Becker. Sie löst sich rechtzeitig aus der Umklammerung der Heimatmalerei und geht zwischen 1900 und 1907 öfter nach Paris, um dort die modernen Maler zu studieren. Van Gogh, Cézanne und Gauguin beeindrucken sie sehr. Sie malt nun in vereinfachten Kompositionen, kehrt sich vom Naturalismus ab und beginnt die Natur zu stilisieren. Ihre monumentalen, grobknochigen Figurenbilder sind Sinnbilder für Erdennähe, Fruchtbarkeit, menschliche Gefühle und Bedürfnisse. Sie wird zur Malerin der beginnenden Ausdruckskunst, dem Expressionismus.

Paula Modersohn-Becker, Kniende Mutter mit Kind an der Brust, 1907, Öltempera auf Leinwand, 113 x 74 cm, Neue Nationalgalerie, Staatliche Museen zu Berlin – Preußischer Kulturbesitz

Carl Vinnen, Ruhe, 1893, Öl auf Holz, 100,5 x 79 cm, Privatbesitz

Das Dorf Worpswede ist, als sich die Künstler dort niederlassen, eine Idylle. Die Maler schwärmen von dem »Lichtgeheimnis« der weiten norddeutschen Moorlandschaft, von der »Offenbarung der Natur« und übersehen dabei, daß diese Idylle der kleinen abgeschiedenen Welt ihren künstlerischen Horizont einengt. So bleibt ihre Malerei eine reine Landschafts-und Figurenmalerei, ohne »das große Geheimnis, das hinter den Vorgängen und Dingen der Umwelt steht«.

Brücke und Expressionismus
Maler

Wegbereiter des Expressionismus in Deutschland sind drei Maler, die sich als Architekturstudenten in Dresden treffen. 1905 gründen sie die Künstlergemeinschaft ›Die Brücke‹. Es sind **Erich Heckel**, **Ernst Ludwig Kirchner** und **Karl Schmidt-Rottluff**. Zu ihnen kommen 1906 **Max Pechstein** und für einige Zeit auch **Emil Nolde**. **Otto Mueller** wird 1910 Mitglied der Gruppe. ▪ Sie malen in einer neuen Bildsprache, der Ausdruckskunst. Ab 1911 nennt man diese Malerei Expressionismus, abgeleitet vom französischen Wort für Ausdruck: ›expression‹. ▪ Ihre Bilder unterscheiden sich deutlich von denen der vorausgegangenen Kunstrichtungen. Die Naturform wird vereinfacht, vom Dinglichen gelöst, oft unwirklich gemalt. Die zeichnerischen Umrisse sind grob und die gemalten Flächen starkfarbig. Manches ist von wilder, roher Formvereinfachung geprägt, sie arbeiten mit den Kontrasten der Komplementärfarben, die ihre Leuchtkraft gegenseitig verstärken. ▪ Die Bildthemen sind nicht verschlüsselt oder geheimnisvoll, sie sind dem täglichen Leben entnommen, Ihre Landschaftsbilder sind meistens vor Ort gemalt. Diese sichtbare Außenwelt ist zwar der Ausgangspunkt ihrer Malerei, aber das Wesen der Dinge soll nicht mehr gesehen, sondern erahnt, erfühlt werden. In den Menschenbildnissen sind Seele und Körper freigelegt und in schonungsloser Weise sichtbar gemacht. Die Landschaftsbilder sind in radikal vereinfachten Formen aufgebaut. Sie sind von eindrucksvoller, gewaltiger Monumentalität. ▪ 1913, nach nur acht Jahren, geht die Gruppe auseinander. Die einzelnen Maler, die sich eine Zeit lang durch ihre enge Zusammenarbeit in ihren Bildern kaum noch unterschieden, werden nun individueller. Ihre Bilder werden jetzt von ihrer Persönlichkeit bestimmt, doch der Brücke-Stil bleibt bei allen Malern zeitlebens unverkennbar. ▪ Die Bedeutung der Brücke-Maler ist für die Entwicklung der Malerei in Deutschland groß. Für andere Länder, etwa für Frankreich, sind andere Kunstströmungen wichtiger, etwa die der ›Fauves‹, der Wilden, die zur gleichen Zeit erstmals auftreten.

Ernst Ludwig Kirchner, Titelholzschnitt der ›Chronik der Brücke‹, 1913, 45,7 x 33,2 cm, E. W. Kornfeld, Bern

Erich Heckel, Gläserner Tag, 1913, Öl auf Leinwand,
120 x 96 cm, Staatsgalerie moderner Kunst, München

Durch die spiegelbildliche Wiederholung des oberen Bildteils und die kantigen, spitzen Formen mit ihren kräftigen Farbtönen erreicht der Maler die höchste Ausdrucksstufe. Das Licht spielt eine besondere Rolle. ›Die Landschaft erscheint in gläsern klingende Scheiben gesplittert.‹

Brücke und Expressionismus
Bildhauer

Gleichzeitig mit der Malerei in der Künstlergemeinschaft ›Die Brücke‹ entstehen ab 1905 die Bildhauerarbeiten des Expressionismus. ■ Die Künstler sind **Erich Heckel**, **Ernst Ludwig Kirchner**, **Emil Nolde** und **Karl Schmidt-Rottluff**. ■ Die Plastiken des Expressionismus sind völlig losgelöst vom klassischen Vorbild. Sie sind angelehnt an die Werke der Naturvölker und beeinflußt durch die Bildsprache des Kubismus mit den Elementen von Würfeln, Pyramiden, Kegeln und Kugeln. Vor allem aber sind sie Ausdruck eines vom Gefühl bewegten Wunsches, eine künstlerische Idee räumlich zu formen. ■ Das Material Holz wird zum bevorzugten Gestaltungswerkstoff. Es eignet sich zu einer schnellen, spontanen Arbeitsweise. Mit dem Stemmeisen und dem Beil wird die Form aus dem Vollen herausgeschlagen. Die Oberflächen bleiben roh, so sind die Spuren der Bearbeitung zu erkennen. Oft werden die Figuren und Köpfe mit Farben bemalt, die sich der derben Bearbeitung des Holzes anpassen. ■ Ernst Ludwig Kirchner schreibt 1911 in einem Brief: »Es ist ein sinnlicher Genuß, wenn Schlag auf Schlag mehr die Figur aus dem Stamm herauswächst. In jedem Stamm steckt eine Figur, man braucht sie nur herauszuschälen.«

Ernst Ludwig Kirchner,
Tänzerin mit gehobenem Bein,
1913, schwarze Wassereiche,
blau und schwarz bemalt,
Höhe 66,5 cm, Privatsammlung

Karl Schmidt-Rottluff,
Blauroter Kopf, 1917,
Holz gebeizt,
Höhe 30 cm,
Brücke-Museum, Berlin

Erich Heckel, Hockende, 1912, Lindenholz, bemalt, Höhe 30 cm, Nachlaß Erich Heckel

Diese Figur schnitzt Erich Heckel aus dem Stück eines Telegrafenmastes. Von dem Schönheitsideal, das die akademische Bildhauerkunst bis ins 19. Jahrhundert vermittelt, ist nichts mehr geblieben.

Fauvismus

Die französische Künstlergruppe ›Fauves‹ wird 1905 gegründet. Die Maler, die in dieser Gruppe zusammenfinden, sind **Henri Matisse**, mit 36 Jahren der Älteste und zugleich der Wortführer, **André Derain**, **Kees van Dongen**, **Raoul Dufy** und **Maurice de Vlaminck**. ▪ Der Name Fauves, Wilde, ist abgeleitet von der ungezügelten, wilden Malweise der Künstler, die ihre Bilder 1905 in einer ersten gemeinsamen Ausstellung zeigen. Die Gruppe ist nicht sehr eng miteinander verbunden. Sie hat weder ein Programm, noch eine künstlerische Theorie. Aber sie hat durchaus einen gemeinsamen Stil, da die Maler die gleichen künstlerischen Absichten verfolgen. ▪ Die Zeit der Impressionisten und Symbolisten liegt noch nicht weit zurück, Cézanne ist das große Vorbild. Er gibt den Fauves das feste Gefüge der bildnerischen Anordnung. Gauguin hat Einfluß mit seinen großen Farbflächen. Bei van Gogh sehen sie die überspannte Vitalität und den kraftvollen Pinselstrich. Seurat ist der Wegweiser für die klaren, ungebrochenen Farben. Und das Licht der Impressionisten wird in ihren Bildern wiederkehren. ▪ Die Werke der Fauves sind losgelöst von der Wirklichkeit des Lebens. Ihre Bilder sind frei von Theorien, kompromißlos gegen jede Art von äußerem Einfluß. Die Bildaussage ist nicht mehr der Gegenstand oder das Motiv, sondern der Zusammenklang von Farbe, Fläche und Linie. Es ist eine Reaktion gegen alles, »was einem aus dem Leben gegriffenen Klischee ähnelt«. ▪ Die Leuchtkraft der Bilder entsteht durch das Nebeneinandersetzen von Komplementärfarben. Dabei wird der Gebrauch von reiner, unvermischter Farbe bis an die äußersten Möglichkeiten getrieben. ▪ Entsprechend dem Alter der Maler ist ihre Kunst von erfrischender Jugendlichkeit. Aber schon nach zwei Jahren löst sich die Gruppe auf. Sie glauben, in dieser Zeit durch ihre Bilder alles gesagt zu haben, was sie beabsichtigt hatten und verfolgen nun andere Wege. Nur Matisse malt, wenn auch im Alter nicht mehr so ungestüm, in diesem Stil weiter.

André Derain, Le Pecq, le port, um 1905,
Öl auf Leinwand, 65 x 81 cm, Fondation Beyeler, Riehen

Kees van Dongen, Mädchenakt, um 1907, Öl auf Leinwand,
100 x 81,5 cm, Von der Heydt-Museum, Wuppertal

Der Maler nutzt in seinen Bildern alle typischen Ausdrucksmittel der Malerei der Fauves wie die explosive Farbgewalt, die malerische Dynamik und eine leidenschaftliche Linienführung der Körperumrisse.

Wie viele Fauvisten malt auch er ohne Vorarbeiten seine Motive direkt auf die Leinwand. Oft wird die Farbe unmittelbar aus der Tube in das Bild gedrückt und unvermischt verteilt.

Es entsteht so die außergewöhnlich spontane Malerei, die mit ihrer unbekümmerten, wilden Malweise und oft unrealistischer Farbgebung zu einer großen künstlerischen Revolution am Anfang des 20. Jahrhunderts wird.

Die Gruppe der Künstler, die 1907 den Kunststil des Kubismus begründen, ist klein, aber sie beeinflußt die gesamte moderne Kunst in Europa. Cézanne, Derain und Matisse sind die Wegbereiter. Durch ihr künstlerisches Streben nach Ordnung und planmäßig durchdachter Organisation der Bildthemen geben sie wesentliche Anregungen. ■ Wieder ist Frankreich der Ausgangspunkt der neuen Bewegung. Da sind zunächst **Pablo Picasso** und **Georges Braque**. Sie sind die Kubisten der ersten Stunde. In der zweiten Phase des Kubismus ab 1913 kommen **Juan Gris** und **Fernand Léger** dazu. ■ Cézannes Ausspruch, daß sich die Natur nach Kugel, Kegel und Konus forme, wird konsequent in der neuen Bildsprache umgesetzt. Das Auflösen der Naturformen in diese kubischen Formen gibt dem neuen Kunststil dann auch seinen Namen, Kubismus. ■ Die Natur wird nicht mehr künstlich nachgeahmt, es gibt keine Perspektive mehr, alles liegt in einer zweidimensionalen Bildebene, die Formen sind geometrisch und aus vielen kleinen unterschiedlichen Flächen gebildet. Die Bildmotive sind begrenzt auf Bäume, Häuser, Dinge des täglichen Lebens und Akte. Alles ist noch erahnbar. ■ Diese erste kubistische Phase, in der der Künstler noch vom Vorbild ausgeht, ist der analytische Kubismus. Die zweite Phase etwa ab 1913 wird der synthetische Kubismus genannt. Nun gehen die Maler nicht mehr von der Wirklichkeit aus, sondern von freien, künstlich hergestellten Formen. Typisch für diese neuen Bilder ist das Herumführen um eine Form, sie wird gleichzeitig von allen Seiten dargestellt. Dies schafft die Möglichkeit, hinter die Dinge zu sehen. ■ In dieser Zeit entsteht auch die Collage, das geklebte Materialbild. Aufgeklebtes Papier, Stoffe, Tapeten und andere gefundene Dinge werden zum gleichberechtigten Teil der Bildkomposition. Die Maler nehmen den Alltagsgegenständen ihre Funktion und machen sie zu einem Objekt der Kunst.

Georges Braque, Mann mit Gitarre, 1914,
Öl und Sand auf Leinwand, 130 x 72,5 cm,
Musée National d'art Moderne, Centre Georges Pompidou, Paris

Pablo Picasso, Les Demoiselles d'Avignon, 1907, Öl auf Leinwand, 244 x 233,7 cm, The Museum of Modern Art, New York

Die Perspektive dieses Bildes hat keine räumliche Wirkung mehr. Die Figuren und die wenigen Gegenstände wie der Tisch und der Vorhang sind in einer Ebene aufgebaut. Auch der Hintergrund läßt keine räumliche Tiefe vermuten. Alle Bildelemente sind aus geometrischen Formen zusammengesetzt. Dieses ist die Abkehr vom herkömmlichen Malstil. Es ist der Ausgangspunkt einer neuen Ära in der Kunst, der erste Schritt zum Kubismus.

Neue Künstlervereinigung München

Die ›Neue Künstlervereinigung München‹ wird 1909 von den Malern **Wassily Kandinsky**, **Gabriele Münter** und **Alexej von Jawlensky** gegründet. Weitere Mitglieder sind **Adolf Erbslöh**, **Alexander Kanoldt** und **Marianne von Werefkin**. Später kommen noch die Maler **Karl Hofer** und **Franz Marc** hinzu. ▪ Durch Ausstellungen moderner Kunst, die diese Gruppe veranstaltet, werden die Werke bedeutender französischer Gegenwartsmaler bekannt wie die von Braque, Derain, van Dongen, Picasso, Rouault und de Vlaminck. Natürlich kannten sie auch die Malerei der Brücke und des Jugendstils. Ihre Bilder sind zunächst von den Werken all dieser Künstler beeinflußt. ▪ Im Gründungstext der Gruppe steht: »Wir gehen aus von dem Gedanken, daß der Künstler außer den Eindrücken, die er von der äußeren Welt erhält, fortwährend in einer inneren Welt Erlebnisse sammelt«. ▪ Die Gruppe besteht aus Malern, die künstlerisch und intellektuell sehr unterschiedlich begabt sind. Ihre Gemeinsamkeiten sind die starke Dynamik der Farben, die kräftigen Umgrenzungslinien und die große Vereinfachung der Bildgestaltung. Ihre Bildthemen sind Landschaften, Figuren und Stilleben. Man sucht eine formelhafte, sehr strenge Vereinfachung der Bildkomposition, da das Bild nicht dem reinen Genuß dienen soll. Es soll vielmehr zu einem tiefen, seelischen Erlebnis führen. Sie dringen ein in die unsichtbare Welt der Gedanken, sie suchen nach dem »Wesen hinter den Erscheinungen«. ▪ Kandinsky malt ab 1910 Bilder, in denen sich kaum noch erkennbare Dinge zeigen. Er ist der Meinung, daß in der Kunst gegenständliche Motive nicht nötig seien. Die Mehrheit der Gruppe kann seine radikalen Ideen nicht mehr begreifen. So kommt es 1911 zu Spannungen, und man trennt sich in zwei Lager. Kandinsky, Münter und Marc verlassen die ›Neue Künstlervereinigung München‹ und gründen wenig später die Gruppe ›Der Blaue Reiter‹.

Marianne von Werefkin, Herbst (Schule), um 1907, Tempera auf Pappe, 68 x 100,6 cm, Fondazione Marianne Werefkin, Ascona

Gabriele Münter, Jawlensky und Werefkin auf der Wiese, 1908/09,
Öl auf Pappe, 32,7 x 44,5 cm, Städtische Galerie
im Lenbachhaus, München

Auf diesem Bild sind zwei Mitglieder der Neuen Künstlervereinigung dargestellt: Marianne von Werefkin und Alexej von Jawlensky. Das Gemälde ist in großer Vereinfachung der Grundformen angelegt, reine ungemischte Farben in Grün, Blau, Gelb und Orange werden von schwarzen Konturen umrandet.
In diesen Jahren wird die Malerin angeregt von der Kunst ihres Lebensgefährten Kandinsky, besonders aber von der Malerei des Franzosen Matisse, dessen Bilder sie von den Ausstellungen der Fauves kennt.

Die Erfindung des Kubismus durch Braque und Picasso bestimmt eine Formensprache, aus der sich fast die gesamte Kunst des 20. Jahrhundert entwickelt hat. Den Malern, die 1907 den Kubismus in Paris begründen, schließen sich um 1910 die Bildhauer **Henri Laurens**, **Raymond Duchamp-Villon**, **Jacques Lipchitz** und **Juan Gris** an. ■ Diese Bildhauer sagen: »Wir sind Realisten«. Sie wollen in ihren Plastiken die Wirklichkeit darstellen, sind aber der Meinung, daß die traditionellen Methoden dazu nicht geeignet sind. Die Ablösung der Naturvorstellung durch eine Auflösung in eine eigene bildnerische Schrift ist für die Künstler eine mächtige Anforderung. Die Natur soll verwandelt werden, aber der Ausgangspunkt noch nachvollziehbar sein. So wird der Kubismus zu einer Kunst des Verstandes, bei der die neue bildnerische Form aus dem wirklichen Abbild entwickelt wird. ■ Die Motive werden vielfach aus Holzelementen oder aus Stein gearbeitet und bemalt. Die Plastiken müssen umgangen werden, um aus ihren Einzelteilen den ganzen Zusammenhang zu erfassen. ■ Als 1914 der erste Weltkrieg beginnt, geht die Gruppe auseinander. Eine Fortsetzung ihrer Kunst ist nach 1918 erkennbar, jedoch sind die ursprünglichen Gestaltungsideen nicht mehr so deutlich.

Henri Laurens, Die Traubenschale, 1918, bemaltes Blech und bemaltes Holz, 68 x 62 x 47 cm, Sammlung M. und Mme Claude Laurens, Paris

Raymond Duchamp-Villon, Pferd, 1914, Bronze (1976 gegossen), 43,5 x 44 x 26 cm, Musée National d'Art Moderne, Centre Georges Pompidou, Paris

Diese Kunstauffassung von einem Pferd ist zwar vom Gegenständlichen nicht ganz losgelöst, aber die Unabhängigkeit von der sichtbaren Wirklichkeit macht es dem Betrachter schwer, sie zu begreifen. Bei diesem erfinderischen Werk sind die Gliedmaßen zu technischen Geräten geworden wie Pleuelstangen, Rädern und Kugellagern. Hier wird Cézannes Ausspruch, daß sich die Natur nach Kugel, Kegel und Konus forme, vom Künstler fast wörtlich in die bildnerische Form übertragen.
Zu den statischen Kompositionselementen kommt die dynamische Ausdrucksform der Bewegungsenergie, die auch in den Werken der italienischen Futuristen wiederzufinden ist.

Abstrakte Malerei

Die Abstrakte Malerei ist seit etwa 1910 ein Stilbegriff. Als abstrakt werden Kunstwerke bezeichnet, deren Inhalt keinen Hinweis auf Gegenständlichkeit hat und die auf die Nachahmung eines Naturvorbildes verzichten. Man spricht auch von gegenstandsloser oder von ungegenständlicher Malerei. ■ Der Beginn der Abstrakten Malerei kann durchaus in die Zeit des englischen Malers William Turner gelegt werden. Seine Landschaftsbilder, um 1840 gemalt, weisen schon Ansätze von ungegenständlicher Malerei auf. Es gibt bei vielen seiner Bilder Farbkompositionen, die keinen direkten Bezug mehr auf Gegenständlichkeit haben. ■ Im Jahr 1908 sagt der französische Maler Henri Matisse: »Was mir vorschwebt ist Gleichgewicht, Reinheit und Mäßigung, ohne beunruhigende und ablenkende Gegenständlichkeit«. ■ Der deutsch-russische Maler Wassily Kandinsky malt 1910 in München sein erstes abstraktes Bild. Zur gleichen Zeit verfaßt er das Buch ›Über das Geistige in der Kunst‹. Es ist die erste Farben- und Formenlehre der Abstrakten Malerei. ■ Es gibt zwei grundsätzlich unterschiedliche Darstellungsweisen in der Abstrakten Malerei. Da ist die geometrische Richtung, die im Werk von Mondrian, El Lissitzky und den Konstruktivisten zu sehen ist. Die andere Richtung geht vom Gefühl, der Eingebung, dem seelischen Erlebnis aus, wie im Werk von Kandinsky, Manessier, Baumeister oder Hartung. ■ In der Folge nun entwickelt sich die Kunst, die unter dem Stilbegriff Abstrakte Malerei zusammengefaßt ist, schnell und konsequent. Bis in die Gegenwart hinein ist sie mit ungezählten Variationen so aktuell geblieben wie um 1910.

László Moholy-Nagy, Komposition Z VIII, 1924,
Leimfarbe auf Leinwand, 114 x 132 cm, Neue Nationalgalerie,
Staatliche Museen zu Berlin – Preußischer Kulturbesitz

Wassily Kandinsky, Impression III (Konzert), 1911, Öl auf Leinwand, 77,5 x 100 cm, Städtische Galerie im Lenbachhaus, München

Das Bild zeigt mit wenigen zeichnerischen Andeutungen einen Konzertsaal. Die schwarze, diagonale Fläche ist ein Flügel, und die schemenhaften Konturen, teilweise mit Farbe ausgefüllt, sind die Zuhörer. So kann man dieses Werk interpretieren. Sicher ist, daß es nach dem Besuch des Schönberg-Konzertes 1911 in München entstanden ist.

Es sind noch Gegenstände und Menschen erahnbar. In der Folgezeit nähert sich der Maler jedoch immer mehr der gegenstandslosen Malerei. Schließlich sind seine Bilder nur noch abstrakte Kompositionen.

Futurismus

Die Bewegung des Futurismus beginnt 1910 in Italien. Auch hier waren junge Künstler in Opposition getreten zum Stillstand und Verfall der zeitgenössischen Kunst im Lande. Ihr Vorredner ist der Schriftsteller Filippo Tommaso Marinetti, der die Ideen der Künstler der Öffentlichkeit vorstellt. ▪ Die Maler der ersten Stunde sind **Giacomo Balla**, **Umberto Boccioni**, **Carlo Carrà**, **Luigi Russolo** und **Gino Severini**. Bemerkenswert ist ihr bedingungsloser Glauben an die Zukunft. Sie nennen sich daher Futuristen. ▪ Die Maler sind von allen technischen Neuerungen wie Autos, Flugzeugen, Motorrädern, Maschinen und elektrischem Licht begeistert. Sie wollen die Schönheit der Technik in ihren Bildern darstellen und versuchen, Geschwindigkeit und Bewegung mit künstlerischen Mitteln sichtbar zu machen. ▪ Die Erfindung der laufenden Bilder im neuentdeckten Film bringt sie auf die Idee, Menschen, Tiere, Maschinen nicht nur in einer einzigen Bewegung, sondern in mehreren Bewegungen gleichzeitig zu malen. Es ist der Versuch, die eigentlich bewegungslose Darstellung in Bildern um eine neue Dimension zu ergänzen. Ein weiteres Thema ihrer Kunst ist, Geräusche sichtbar zu machen. Es ist insgesamt der Versuch, die Gleichzeitigkeit sinnlicher Wahrnehmungen bildhaft zu gestalten. ▪ Der Futurismus ist dem in Frankreich sich entwickelnden Kubismus ähnlich. Die Futuristen versuchen jedoch, in die mehr statische Kompositionsweise der Kubisten ein neues Element, die Dynamik, einzufügen. ▪ Der Ausbruch des Krieges im Jahr 1914 bringt das Ende der künstlerischen Bewegung. Die Maler schaffen in nur vier Jahren bedeutende Kunstwerke und zeigen damit einmal mehr, wie groß das Arsenal der Kunst ist, das es noch zu entdecken gibt.

Luigi Russolo, House + Light + Sky, 1912/13, Öl auf Leinwand, 100 x 100 cm, Öffentliche Kunstsammlung, Kunstmuseum, Basel

Umberto Boccioni, Der Lärm der Straße dringt ins Haus, 1911,
Öl auf Leinwand, 100 x 100 cm, Sprengel Museum, Hannover

Das Bild beschreibt die Empfindung, die man beim Öffnen eines Fensters hat: Der Lärm der Straße strömt herein.
In einer Anordnung von Motiven sieht man auf der Straße Menschen und Tiere in Bewegung, Arbeiter sind auf Gerüsten beschäftigt, Hausfassaden neigen sich in verschiedene Richtungen. Alles ist in schrillen Farben gemalt. Das ganze Bild ist von einer lärmenden Unruhe angefüllt, die auch den Betrachter in Unruhe versetzt.
Diese Malerei soll das moderne Leben in seiner ganzen Dynamik erfassen.

Blauer Reiter

Die Künstlergemeinschaft ›Der Blaue Reiter‹ wird 1911 von **Wassily Kandinsky** und **Franz Marc** in München gegründet. Es ist eine lose verbundene Gruppe von Malern, die sich schon aus den Zeiten der Zugehörigkeit zur ›Neuen Künstlervereinigung München‹ kennen. Weitere Mitglieder sind **Alexej von Jawlensky**, **Paul Klee**, **August Macke**, **Gabriele Münter** und **Marianne von Werefkin**. **Lyonel Feininger** kommt 1913 dazu. ▪ Die Herkunft des Namens ›Blauer Reiter‹ ist nicht eindeutig geklärt. Er könnte sich ableiten von der Vorliebe für die blaue Farbe (Marc) und der Vorliebe für Reiter (Kandinsky). ▪ Die Künstler des Blauen Reiters sind vielseitig gebildet und an der Philosophie interessiert. Aber trotz aller Neigungen zum Theoretisieren geht es ihnen nur um das Malen, das Sichtbarmachen ihrer Gefühle, Wahrnehmungen und inneren Anliegen. Ihre Malerei ist feinsinnig und durchgeistigt. Jede Ähnlichkeit mit der Wirklichkeit wird vermieden; so gewinnen sie die Freiheit, die sie zu immer abstrakteren Bildern anregt. ▪ Nicht mehr der Gegenstand ist wichtig, sondern die Bildkomposition, die Farbe und die Form. Viele ihrer Bilder sind durch Farbakkorde, Farbklänge und Farborchestrierung wie Musik in der Malerei. Dazu kommt eine gefühlsbetonte Poesie, die den Bildern eine tiefe seelische Bedeutung verleiht. Beim Betrachten der Bilder soll die »Seele zum Schwingen gebracht werden«. ▪ Dem Betrachter bleibt überlassen, was er im Bild sieht, es sollen keine bestimmten Empfindungen ausgelöst werden, wichtig ist, daß der Betrachter überhaupt etwas empfindet. Es ist der Versuch, über die Aussagekraft des Bildes ein Band zwischen dem Künstler und dem Betrachter herzustellen. ▪ Mitten in der stärksten Phase ihrer künstlerischen Entfaltung beginnt der Erste Weltkrieg. Nach nur drei Jahren löst sich die Gruppe auf – die Zukunftshoffnung einer ganzen Generation wird zerstört.

August Macke, Indianer auf Pferden, 1911, Öl auf Holz, 44 x 60 cm, Städtische Galerie im Lenbachhaus, München

Franz Marc, Blaues Pferd I, 1911, Öl auf Leinwand,
112 x 84,5 cm, Städtische Galerie im Lenbachhaus, München

Pferde sind für Franz Marc Symbole für Kraft und Ausdauer. Er gibt ihnen die Farbe Blau als Farbe des Geistigen. In der Kunst sieht er eine Symbolsprache, deren Wurzeln auf das Geheimnisvolle in der Natur zurückzuführen sind.
Blaues Pferd ist ein Bild von großer Harmonie und ein Beispiel für die Bedeutung des Tieres als Gegenstand in Marcs Kunst.

Orphismus

Der französische Orphismus entsteht um 1912 zeitgleich mit dem Kubismus und Futurismus und ist mit beiden eng verwandt. Der Name dieser Kunstströmung wird von dem französischen Dichter Guillaume Apollinaire erfunden in Anspielung auf Orpheus, den Sänger der griechischen Mythologie. Apollinaire zufolge ist diese Malerei der harmonischen Farbklänge den Harmonien der Musik vergleichbar. ▪ Der Orphismus wird von drei Künstlern geprägt, von **Robert Delaunay**, seiner Frau **Sonia Delaunay** und **František Kupka.** ▪ Im Gegensatz zu den statischen Kompositionen und zurückhaltenden Farben der Kubisten betonen die Orphisten die Bewegung und die leuchtenden Farben in ihren Bildern. Sie übernehmen aber wesentliche Merkmale des Kubismus, etwa das Auflösen der Naturformen in kubische und geometrische Flächen, ebenso die Auflösung von Bildteilen in viele kleine Facetten. Sie malen wirbelnde geometrische Formen in reiner Farbe, alles dreht sich umeinander, so entstehen Bilder von starker dynamischer Bewegung mit Flächen schönster Farbharmonien. Es ist eine Verherrlichung der Farbe. ▪ Als die Maler dann beginnen, den erkennbaren Gegenstand aus ihren Bildkompositionen zu entfernen und nur allein die Farben handeln lassen, ergibt sich eine völlig neue Kunst. Der Weg zur abstrakten Malerei ist nun auch in Frankreich beschritten. ▪ Der Einfluß dieser kleinen Gruppe auf andere Maler ist groß. In Deutschland sind es besonders die Maler des Blauen Reiter, die engen Kontakt zu den Orphisten haben, deren Ideen studieren und in ihre eigene Kunst einbringen. ▪ Auch diese Gruppe löst sich durch den beginnenden Ersten Weltkrieg auf.

František Kupka, Amphora. Fuge in zwei Farben, 1912, Öl auf Leinwand, 211 x 200 cm, Národni Galerie, Prag

Robert Delaunay, Simultanfenster auf die Stadt, 1912,
Öl auf Leinwand und Holz (bemalter Rahmen), 46 x 40 cm,
Hamburger Kunsthalle

Robert Delaunay beschäftigte sich ausgiebig mit dem Simultankontrast der Farben. Darunter versteht man die gegenseitige Beeinflussung nebeneinanderliegender Farben: Die eine wird durch die andere in ihrer Leuchtkraft gesteigert. Dieses optische Phänomen hatte der französische Chemo-Physiker Michel Eugène Chevreul schon 1839 entdeckt. Delauny war jedoch der erste, der diese Entdeckung bewußt in seiner Malerei einsetzte.
Viele Künstler wurden durch seine Farbgebung beeinflußt, so die Brückemaler, die Maler des Blauen Reiter bis hin zu den Malern des Colour Field Painting.

Wir nehmen das Jahr 1915 als Höhepunkt der russischen Kunst des Konstruktivismus und Suprematismus an. Die Künstler dieser Bewegung sind die Maler **El Lissitzky** und **Kasimir Malewitsch** sowie die Maler und Bildhauer **Naum Gabo**, **Antoine Pevsner** und **Alexander Rodtschenko**. ▪ Die Künstler mißtrauen der gegenständlichen Kunst, weil sie der Welt mißtrauen, die sie darstellt. Sie sagen: »Kunstwerke sind keine Spiegelbilder der Natur, sondern neue Tatsachen«. Den radikalsten Bruch vollzieht schon 1913 der Maler Malewitsch, der seine Kunst Suprematismus nennt, abgeleitet vom Lateinischen supremus, was soviel heißen soll wie ›Das Höchste‹. Der Oberbegriff Konstruktivismus beschreibt die Kunst der ganzen Gruppe, die als bildnerisches Mittel das Konstruktive, Geometrische, Technische heranzieht. ▪ Trapeze, Ellipsen, Kreise, Quadrate, Rechtecke, alle zweidimensionalen Elemente der Geometrie werden in senkrechte, waagrechte und diagonale Anordnungen auf das Bild gebracht. Der Hintergrund ist meistens einfarbig und hell, und die Figuren scheinen in einem unendlichen Raum zu schweben. ▪ Zunächst sind die Bilder in einer zweidimensionalen Ebene gemalt. Später werden sie durch dreidimensionale Körper wie Kubus, Kugel oder Pyramide ergänzt. ▪ Dies ist die Kunst, die sich am weitesten von der tatsächlichen Wirklichkeit entfernt hat. Es ist die Kunst des Erfindens, eine Malerei der technischen Bildformen, die zusammen mit leuchtenden signalhaften Farben Bilder voll Schönheit, Ästhetik und Harmonie schafft. ▪ Um 1921 ist diese Kunstrichtung zu Ende. In nur acht Jahren entstehen hervorragende Werke, die auf nachfolgende Maler einen großen Einfluß haben.

Kasimir Malewitsch, Suprematisches Bild, 1915,
Öl auf Leinwand, 101,5 x 62 cm, Stedelijk Museum, Amsterdam

El Lissitzky, Proun, 1923, Tempera auf Papier,
61 x 40 cm, Museum Ludwig, Köln

El Lissitzky war Diplomingenieur und Architekt. Eine seiner Thesen ist: Die Technik hat auf den neuen Künstler ihre Wirkung ausgeübt. Die konstruktivistischen Bilder, die er ab 1919 malt, nennt er ›proun‹, abgeleitet vom russischen ›prounovis‹, was etwa heißt: ›Für eine Erneuerung in der Kunst‹.
Seine Bildaufbauten lassen architektonische Elemente erkennen wie Lagepläne oder Grundrisse, die vom Reißbrett auf die Leinwand übertragen werden.

Gleichzeitig mit der Malerei des russischen Konstruktivismus entstehen 1915 die Skulpturen – Raumkonstruktionen, wie die Künstler sie nennen. ■ Vier Namen sind zu erwähnen, **Naum Gabo**, **Antoine Pevsner**, **Alexander Rodtschenko** und **Wladimir Tatlin**. ■ Ihre Idee ist es, abzurechnen mit der Kunst, die nach zwanzig Jahren des Suchens in eine Sackgasse geraten ist. Sie meinen damit vor allem den Kubismus und Futurismus. Sie sagen »Raum und Zeit sind die einzigen Formen, in denen sich das Leben aufbaut und in denen sich deshalb die Kunst aufbauen muß«. ■ Ihre Kunst ist die Gestaltung räumlicher Objekte. Diese sind jenseits aller erzählerischen und abbildenden Traditionen. Sie sollen nicht auf etwas verweisen, sondern nur sich selbst genügen. So radikal haben sich Künstler bisher noch nicht von der traditionellen Skulptur entfernt. ■ Der Einfluß auf die Kunst der westlichen Welt ist groß. Anregungen bekommen die Künstler des Bauhauses und der De-Stijl-Bewegung und 50 Jahre später lebt der Konstruktivismus in den kinetischen Objekten der Op Art wieder auf. ■ Ab 1921 wird diese revolutionäre abstrakte Kunst abgelöst durch eine für das Volk verständlichere Kunst. Der sozialistische Realismus der stalinistischen Kunst übernimmt in den dreißiger Jahren die Nachfolge.

Naum Gabo, Raumkonstruktion: Bogen Nr. 2, 1958/63

Wladimir Tatlin, Modell für das Monument der Dritten Internationale, 1920, Holz, Metall, Höhe 420 cm

Alexander Rodtschenko, Kreis im Kreis, Nr. 9, 1920/21,
Pfirsichbaum-Sperrholz, 90 x 80 x 85 cm,
Galerie Gmurzynska, Köln

Die Themen Linie und Raum in seiner Malerei führen Rodtschenko zu den räumlichen Konstruktionen.

Diese sind eine völlig neue Erfindung in der Skulpturenkunst.

Zum erstenmal wird auf einen Sockel verzichtet. Die Konstruktion hängt frei im Raum. Es gibt keine Vorder-, Seiten- und Rückansicht mehr. Durch die Bewegung ändern sich beständig die Ansichtsseiten, und das einfallende Licht schafft immer wieder neue Seherlebnisse.

Dadaismus

Eine Gruppe europäischer Künstler trifft sich 1916 in Zürich. Es sind Maler, Bildhauer und Schriftsteller. Sie nennen sich Dadaisten. Dies ist ein Unsinnswort, so wie die Kunst, die sie betreiben wollen, eine Unsinnskunst sein wird: eine Kunst gegen Logik und Vernunft, eine Verneinung des Ästhetischen. Nichts gibt einen Sinn, alles ist von einer abgrundtiefen »Entwertung aller Werte« geprägt. Dada ist Aufstand, Frustration, Verhöhnung von Ordnung und Gesetz, ausgedrückt in Wirrwarr, Bluff, Zufall, Groteske, Widerspruch, Ironie und Clownerie. ■ Außer in Zürich finden fast gleichzeitig auch Dadabewegungen in Paris und New York statt. ■ Die Künstler dieser Bewegung heißen **Hans Arp**, **Marcel Duchamp**, **Max Ernst**, **George Grosz**, **Marcel Janco**, **Francis Picabia**, **Man Ray** und **Kurt Schwitters**. ■ Anfangs sind es die Künstler des gesprochenen und geschriebenen Wortes, die Dada verkünden, aber die Maler versuchen bald, das Verrückte des Dada in die bildende Kunst umzusetzen. Zum Beispiel montieren sie Bildfragmente zusammen, die nichts miteinander zu tun haben, alles ist willkürlich angeordnet, es sind Experimente des Zufalls, die jede Vernunft in Frage stellen. Aber es gibt auch die Freude am Spielerischen, die Verherrlichung des Banalen, ausgedrückt in schönste, aber nichtssagende Bildkompositionen, witzig, verrückt und den Widerspruch in sich vereinend. Man ist vom klassischen Begriff der Kunst vollkommen abgerückt. ■ Der extremste Vertreter ist Marcel Duchamp. Er zeigt auf einer Ausstellung ein Pissoirbecken, eine Kohlenschaufel und einen Kleiderständer und erklärt, »dies sind Kunstwerke, weil ich sie dazu ernannt habe«. ■ Das alles kann auf die Dauer natürlich nicht befriedigen. Dada ist »Durchzug, aber nicht das Ziel«. So geht Dada in den Surrealismus über, und als sich dieser 1924 formuliert, ist Dada schon vorbei.

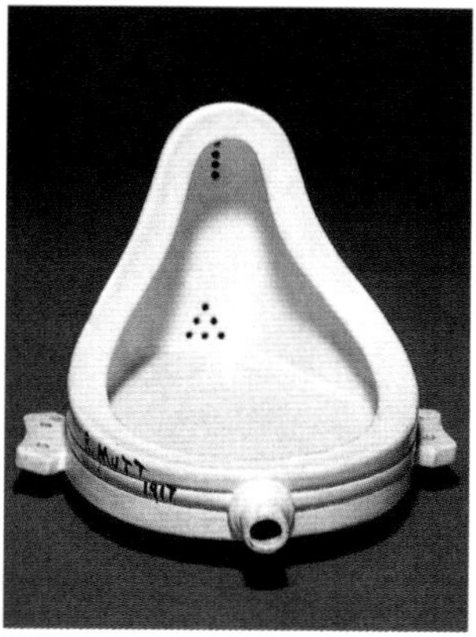

Marcel Duchamp, Fountain, 1917/1964, Ready-made,
62,5 x 35,5 x 49 cm, Indiana University Art Museum, Bloomington

Francis Picabia, Liebesparade, 1917, Öl auf Leinwand,
96,5 x 73,7 cm, Mr. und Mrs. Morton G. Neumann, Chicago

Picabia liebt den grotesken Humor. Auf dem Bild *Liebesparade* ist eine sinnlose Maschine dargestellt. Durch die Überbetonung des Unsinns soll die Kunst entzaubert werden.

De Stijl

Es sind vier holländische Künstler, die der 1917 gegründeten Gruppe De Stijl angehören. Die Maler **Theo van Doesburg** und **Piet Mondrian**, der Maler und Bildhauer **Georges Vantongerloo** sowie der Architekt und Zeichner **Gerrit Rietveld**. ▪ Ihre Grundsätze erklären sie mit dem Streben nach vollkommener Abstraktion und Beschränkung auf die gerade Linie und den rechten Winkel. Es werden ausschließlich die drei Primärfarben Rot, Blau, Gelb und die drei Nichtfarben Schwarz, Weiß und Grau verwendet. ▪ Es soll eine Kunst einfachster Elemente sein unter Verzicht auf alles, was auch nur entfernt an Gegenständlichkeit erinnert. Die Bildkomposition ist bis zum Extrem vereinfacht, die gemalten Flächen sind glatt ohne sichtbaren Pinselstrich, die Linien werden exakt am Lineal gezogen und stehen immer im rechten Winkel zueinander. Es sind Bilder mit klarer Ordnung, funktionellem und konstruktivem Aufbau, voller Harmonie, Ästhetik und moderner Schönheit. ▪ Natürlich ähneln sich die Bilder untereinander. Aber durch die vielen Varianten von Rechtecken und Quadraten, breiten und schmalen Linien, Farbverteilungen und Formaten unterscheiden sie sich doch deutlich. ▪ Von Anfang an ist angestrebt, zusammen mit Malern, Architekten, Designern und Bildhauern ein Gesamtkunstwerk zu schaffen. Der Mensch soll in einer so komplexen, harmonischen Umgebung besser leben können. Kunst und Leben könnten eins sein, das ist der Traum. ▪ Die holländischen Konstruktivisten, wie man die Gruppe auch bezeichnet, haben viel mit den russischen Konstruktivisten gemeinsam. Aber sie sind noch radikaler, denn in ihren Bildern gibt es keine Diagonalen, Kurven und Kreise. ▪ Mondrian ist von der Idee der Rechtwinkligkeit so überzeugt, daß er 1925 aus der Gruppe austritt, als van Doesburg eine diagonale Bildkomposition malt. Er ist auch der einzige, der mit totaler Konsequenz den Grundsätzen des Stijl bis zu seinem Tod treu bleibt.

Theo van Doesburg, Komposition, 1920, Öl auf Leinwand, 130 x 80 cm, Musée National d' art Moderne, Centre Georges Pompidou, Paris

Piet Mondrian, Tableau No. 1, 1921–25, Öl auf Leinwand,
75,5 x 65,5cm, Fondation Beyeler, Riehen

Mondrian fordert für seine Kunst Klarheit und Ordnung. Im Laufe seiner Malerei zeigt er, daß dieser Stil immer noch eine Weiterentwicklung in sich trägt.

Zuletzt erreicht er den Punkt, an dem die Elemente seiner Bilder bis zum äußersten vereinfacht sind. Er teilt nun die Oberfläche mit schmalen schwarzen Streifen und füllt die entstehenden Felder mit den Grundfarben Rot, Gelb und Blau.

Pittura Metafisica

Die Bezeichnung dieser italienischen Kunstrichtung wird im deutschen Sprachgebrauch übersetzt mit ›Metaphysische Malerei‹. Laut Duden ist Metaphysik »die philosophische Lehre von den letzten Gründen und Zusammenhängen des Seins.« ▪ So erklärt auch **Giorgio de Chirico** seinen Malstil, den er 1917 mit **Carlo Carrà** festlegt. Er sagt, der gesunde Menschenverstand und das logische Denken seien in der Kunst fehl am Platz. Das wirklich tiefgründige Werk müsse vom Künstler aus den entlegensten Tiefen seines Wesens hervorgehoben werden. ▪ Die Malerei der ›Pittura Metafisica‹ ist eine unmittelbare Reaktion auf den italienischen Futurismus. Technik und Gewalt sollen nicht mehr verherrlicht werden. Die Künstler wollen eine poetische Kunst, die aus der Gegenwart in ein antikes Traumland führt. Sie wollen die Heiterkeit der klassischen italienischen Landschaft und ihrer Städte wieder aufleben lassen. So malen sie historische Landschaften und historische Stadtplätze. Aber die sichtbare Welt auf ihren Bildern hat unter ihrer vordergründigen Heiterkeit oft alptraumhaften Charakter. Gesichtslose Puppen, geschlechtslose Figuren verharren bewegungslos, die Häuser sind unbewohnt, die Türen verschlossen, die Fensteröffnungen leer, es gibt keine Bäume, Wiesen und Blumen. Das Licht ist kalt, die unsichtbare Sonne wirft lange Schatten. Fremdartige, oft erfundene Objekte liegen herum. ▪ Es ist das Vortäuschen einer rätselhaften, geheimnisvollen neuen Realität anstelle der wirklichen Realität. Die überzogene Perspektive schafft Stadtplätze und Räume der Täuschung und der eingebildeten Wirklichkeit. Es entsteht der Eindruck unendlicher Einsamkeit und Erstarrung. Die Bilder sind voll von psychologischen Symbolen in einer entfremdeten und beklemmend künstlichen Welt. ▪ Im Jahr 1920 ist de Chirico plötzlich von der Unzulänglichkeit seiner Malerei überzeugt. Er will so nicht weiter malen. Die Gruppe geht auseinander. Sie hat nur drei Jahre bestanden.

Carlo Carrà, Das verzauberte Zimmer, 1917,
Öl auf Leinwand, 68 x 52 cm, Pinacoteca di Brera, Mailand

Giorgio de Chirico, Die beunruhigenden Musen, um 1916, Tempera auf Pappe, 94 x 62 cm, Staatsgalerie moderner Kunst, München

»Damit ein Kunstwerk wahrhaft unsterblich ist, muß es die Grenzen des Menschlichen verlassen.« Das sagt der Maler zu seinen Bildern, und tatsächlich haben die Menschen seine Bilder verlassen. Zurückgeblieben sind leblose Statuen und kopflose Puppen in einer Welt von bedrückendem Schweigen.

Novembergruppe

Die ›Novembergruppe‹ ist eine Vereinigung von Künstlern, die 1918 gegründet wird. Sie macht es sich zur Aufgabe, eine neue unmittelbare Verbindung zwischen Kunst und Volk herzustellen. Diese Idee entsteht unter dem Eindruck der Novemberrevolution in Deutschland, in der die Regierung Wilhelms II. gestürzt wird und bei der die Bürger eine entscheidende Mitsprache bei allen Belangen der Regierung fordern. ■ Die Künstler wollen nun auch gegen die staatliche Bevormundung von Kunst und Architektur kämpfen. Sie erreichen, daß ein Arbeitsrat für Kunst eingesetzt wird, der auf alle öffentlichen Maßnahmen im kulturellen Bereich Einfluß nehmen soll. Es sind die Bereiche Baukunst, Städtebau, Kunstakademien und Museen. Diese Initiative wird getragen von namhaften Architekten, Schriftstellern, Komponisten, Bildhauern und Malern. ■ Die Maler sind **Willi Baumeister**, **Otto Dix**, **Lyonel Feininger**, **George Grosz**, **Erich Heckel**, **Johannes Itten**, **Wassily Kandinsky**, **Paul Klee**, **Ludwig Meidner**, **László Moholy-Nagy**, **Georg Muche**, **Max Pechstein**, **Karl Schmidt-Rottluff** und **Kurt Schwitters**. Es ist somit die gesamte Avantgarde der deutschen und in Deutschland lebenden Künstler beteiligt. ■ Leider bleiben die Erfolge aus, jedenfalls in dem Maße, wie die Künstler es sich vorstellen. Was bleibt, sind viel beachtete Ausstellungen, die den Stand der deutschen Kunst dieser Zeit in hervorragender Weise dokumentieren. Die Gruppe besteht bis zum Verbot durch die Nationalsozialisten im Jahr 1933.

Lyonel Feininger, Stiller Tag am Meer III, 1929,
Öl auf Leinwand, 49 x 36,2 cm, Privatsammlung USA,
Courtesy Achim Moeller Fine Art, New York

Otto Dix, Kartenspielende Kriegskrüppel, 1920,
Öl und Collage auf Leinwand, 110 x 87 cm, Privatsammlung

Dieses Bild malt Otto Dix zwei Jahre nach dem Ersten Weltkrieg. Das Grauen des Krieges wird hier durch zerschlagene Gesichter, verkrüppelte Hände und Beine sichtbar gemacht. Mit entsetzlicher Genauigkeit sind künstliche Kinnladen, Glasaugen, Hand- und Beinprothesen gemalt.
Viele Künstler analysieren in diesen Jahren in ihren Bildern die Zeit und ihre Konflikte. Sie stellen die aus den Fugen geratene Welt dar.

Neue Sachlichkeit

Die Maler der Neuen Sachlichkeit in Deutschland kommen ursprünglich vom Kubismus und Futurismus. Ohne ihre Erlebnisse und Erfahrungen im Ersten Weltkrieg hätten sie nicht zu ihrer extremen, veristischen Malerei gefunden. Es ist die Kunst zwischen den beiden Weltkriegen, die um 1918 beginnt und 1923 in einer Gesamtausstellung erstmals in einigen Städten Deutschlands gezeigt wird. Die wichtigsten Vertreter sind **Max Beckmann**, **Otto Dix**, **George Grosz**, **Karl Hofer**, **Alexander Kanoldt**, **Georg Schrimpf**, **Franz Radziwill** und **Christian Schad**. ▪ Diese Künstler werden auch die ›Veristen‹ genannt, weil sie für eine wirklichkeitsgetreue, aber übertriebene Darstellung der Zustände in ihrer Zeit eintreten. Die Künstler schildern die aus den Fugen geratene Welt der Nachkriegszeit mit den Erinnerungen an die Schrecken des Krieges, die Angst, das Leid, die Verzweiflung, den Hunger. Sie schildern das Leben in den Städten, die Welt der Huren und Zuhälter, die Gangster und Kriegsgewinnler, die spießige Bürgerlichkeit der Neureichen. Es ist die bildhafte Antwort sozialdenkender Künstler auf die Nachkriegskrise in Deutschland. ▪ Um diese Szenen genau schildern zu können, überwiegt in den Bildern eine harte, schonungslos deutliche Zeichnung. Farbe wird nur eingesetzt, um die Grundstimmung symbolisch zu unterstreichen. ▪ Diese Kunst ist ein Aufschrei, ein Klageruf, ein verzweifelter Versuch, mit den damaligen Zuständen fertig zu werden. Jeder Künstler tut es auf seine Weise. Bei Dix und Grosz ist es der Schrei nach draußen, bei Beckmann, Hofer und Schrimpf eher der Klageruf in ihrem Inneren. Auf der einen Seite wird mit fast grausamer Lust die Realität aufgezeichnet, auf der anderen Seite gibt es aber später auch Bilder voller Heiterkeit und Schönheit. ▪ Die Malerei der Neuen Sachlichkeit endet, als die Nationalsozialisten an die Macht kommen. Viele Künstler gehen in die Emigration, einige ordnen sich unter, andere arbeiten im Untergrund weiter.

Max Beckmann, Selbstbildnis mit rotem Schal, 1917, Öl auf Leinwand, 80 x 60 cm, Staatsgalerie Stuttgart

Christian Schad, Graf St. Genois d'Anneaucourt, 1927,
Öl auf Holz, 86 x 63 cm, Privatsammlung

Neben dem Grafen ist links die Baronin Glaser, rechts ein Transvestit dargestellt.
Wieland Schmied charakterisiert den realistischen Malstil der Zeit so: »Die Nüchternheit und Schärfe des Blicks, eine unsentimentale, von Emotionen weitgehend freie Sehweise. Die Blickrichtung auf das Alltägliche, Banale, auf unbedeutende und anspruchslose Sujets, die fehlende Scheu vor dem Häßlichen«.

Bauhaus

Das Bauhaus ist eine Kunstschule, die als Hochschule für Gestaltung 1919 in Weimar entsteht. 1925 wird sie nach Dessau verlegt. ■ Ihr Gründer ist der Architekt Walter Gropius. Er hat ein hervorragendes Lehrerkollegium wie den Architekten Ludwig Mies van der Rohe, den Bildhauer Gerhard Marks, den Maler und Designer László Moholy-Nagy und die Maler Lyonel Feininger, Paul Klee, Wassily Kandinsky, Oskar Schlemmer, Johannes Itten, Georg Muche und Josef Albers. ■ Die Lehre umfaßt alle praktischen und wissenschaftlichen Gebiete der Kunst, des Kunsthandwerks, Designs, der Fotografie und der Architektur. Die Orientierung am Handwerk ist die Grundlage für alle Künste. Auch die Maler erlernen zunächst ein Handwerk. Es soll eine künstlerische Einheit geschaffen werden, die den Bauhütten des Mittelalters ähnlich ist. Der Name Bauhaus entsteht in Anlehnung an den Begriff Bauhütte. Noch heute genießen die Lehrmethoden des Bauhauses weltweite Anerkennung. ■ Den wohl wichtigsten Beitrag geben die Maler-Lehrer. Sie haben alle schon weltweite Anerkennung als Künstler. Es sind **Josef Albers, Lyonel Feininger, Johannes Itten, Wassily Kandinsky, Paul Klee, László Moholy-Nagy, Georg Muche** und **Oskar Schlemmer.** ■ Sie sind alle kompromißlose Neuerer der modernen Kunst. Durch ihre Verbindung mit den Künstlern der De-Stijl-Gruppe, den russischen Konstruktivisten und dem Blauen Reiter geben sie dem Bauhaus zusätzliche Impulse. ■ Nach 14jährigem Bestehen wird die Schule 1933 durch die Nationalsozialisten geschlossen. Die Künstler werden verfolgt. Viele gehen ins Exil und arbeiten und lehren dort weiter.

Johannes Itten, Vogelthema, 1918, Öl auf Leinwand, 110 x 55 cm, Museum Moderner Kunst, Wien

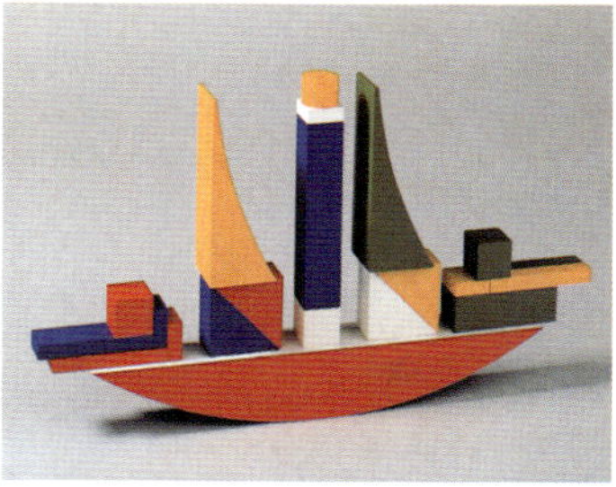

Bauhaus-Spielzeug, 1924
Entwurf: Alma Siedhoff-Buscher

Josef Albers, Gitterbild, 1922, Glasassemblage,
The Albers Foundation, Inc., Orange (Connecticut)

Im Programm des staatlichen Bauhauses Weimar heißt es 1919: »Die Lehre im Bauhaus umfaßt alle praktischen und wissenschaftlichen Gebiete des bildnerischen Schaffens. A. Baukunst. B. Malerei. C. Bildhauerei. Die Studierenden werden sowohl handwerklich, wie zeichnerisch-malerisch und wissenschaftlich-theoretisch ausgebildet.
Der praktische Unterricht der Malklasse besteht aus dem Experimentieren mit allen Farbmitteln, die bekannt sind, und dem Entwickeln neuer Farbtechniken.
Im theoretischen Unterricht wird diskutiert über Farbsysteme, Farbpsychologie und Farborganisation«.
Für viele deutsche, europäische und amerikanische Kunstschulen wird das vom Bauhaus entwickelte Lehrsystem zum Vorbild ihres eigenen Lehrplanes.

Surrealismus

Das Wort Surrealismus wird aus dem Französischen so übersetzt: Sur heißt ›über‹, Realismus ›Wirklichkeit‹, also Überwirklichkeit. ▪ Der Surrealismus ist eine Kunstströmung, die das Unbewußte und Traumhafte zusammen mit der Wirklichkeit künstlerisch darstellen will. Im Jahre 1924 bildet sich eine lose Künstlergruppierung von Schriftstellern und Malern. Die Maler sind **Hans Arp**, **Giorgio de Chirico**, **Max Ernst**, **René Magritte**, **André Masson**, **Man Ray**, **Joan Miró**, ab 1927 **Yves Tanguy** und ab 1930 **Salvador Dalí**. Es gibt in ihren Bildern nie eine stilistische Einheit, denn ihre Künstlerpersönlichkeiten sind viel zu unterschiedlich in ihren Absichten und Einfällen, ihrer Erfindungsgabe und in ihrem künstlerischen Können. ▪ Ihre Ideen entlehnen sie den Erkenntnissen des Psychologen Sigmund Freud, der in seinen Untersuchungen über den Traum herausfindet, daß Denken, Handeln und Empfinden zum großen Teil im Unbewußten liegen, und der Mensch von diesen nicht bewußten Kräften geprägt wird. Das hat für die Bildthemen der Maler eine große Bedeutung. Sie wollen hinabsteigen in die Welt, die hinter den tatsächlichen Dingen des Lebens liegt und eine neue Wirklichkeit schaffen. Eine andere, als die sie umgibt. ▪ In ihren Bildern malen sie Dinge des täglichen Lebens zusammen mit erfundenen neuen Gegenständen, die nicht in einem sinnvollen Zusammenhang nebeneinander stehen. Jedenfalls erkennt es der Betrachter nicht. ▪ Diese Bilder sind dem logischen Denken nicht zugänglich. Sie sind sonderbar unwirklich, verblüffend, manchmal ironisch, und oft genug erscheinen sie sinnlos. Es ist eine Malerei von höchst geistigen und emotionalen Empfindungen. Jede Art von Technik wird eingesetzt. Auch die Collage, das Durchdrückverfahren, das Durchreibeverfahren und der Stempeldruck. ▪ Die surrealistische Strömung ist in keinem anderen Land so ausgeprägt wie in Frankreich. Wieder einmal ist Paris der Mittelpunkt eines internationalen künstlerischen Ereignisses.

Salvador Dalí, Das Rätsel der Begierde, 1929,
Öl auf Leinwand, 110 x 150 cm, Sammlung Oskar Schlag, Zürich

Max Ernst, Der Elefant von Celebes, 1921,
Öl auf Leinwand, 125 x 108 cm, The Tate Gallery, London

Dieses animalische Monstrum hat den Leib eines stählernen Getreidespeichers und ist mit allerlei technischen Gerätschaften versehen. Der Rüssel ist ein Lüftungsrohr, es führt zurück in den Körper. Eine kopflose Frau geht aus dem Bild. Eine Erklärung lautet: »Dies ist die Blindheit, Angst und Gewalt des Menschen vor Unfreiheit, Unwissen und Tod.«

Abstraction Création

Abstraction Création ist eine Vereinigung von Künstlern aus Europa und Amerika, die 1931 in Paris gegründet wird. Sie hat sich die Aufgabe gestellt, durch gemeinsame Ausstellungen die ungegenständliche Kunst und ihre Künstler bekannt zu machen und zu fördern. ■ Zeitweise sind 400 Künstler in der Gruppe vereint, darunter europäische Maler wie **Albers**, **Arp**, **Baumeister**, **Bill**, **Delaunay**, **van Doesburg**, **Naum Gabo**, **Kandinsky**, **Kupka**, **Le Corbusier**, **Léger**, **El Lissitzky**, **Moholy-Nagy**, **Mondrian**, **Nicholson**, **Pevsner**, **Schwitters**, **Vantongerloo**. ■ Diese Namen zeigen, wie vielfältig die künstlerischen Stilrichtungen sind, die hier zusammentreffen. ■ Der Name Abstraction Création ist nur schwer ins Deutsche zu übersetzen, aber man kann ihn erklären. Unter Abstraction ist alles Ungegenständliche zu verstehen. Mit Création sind alle künstlerischen Techniken der bildenden Kunst gemeint wie Bilder, Plastiken, Fotografien, Collagen, Assemblagen. Alle geeigneten Materialien zur Herstellung eines Kunstwerkes sind erlaubt wie Glas, Kunststoff, Metall, Papier, Holz, Stoff, Gips, Zement, Sand. Die Kunst bedient sich nun aller denkbaren Hilfsmittel. Durch ihr geschlossenes Auftreten bei den jährlichen Ausstellungen und den Veröffentlichungen in der Jahreszeitung erlangen die abstrakten Künstler weltweite Bedeutung. ■ Der erfinderische ungebundene Geist, der die Kunst dieser Jahre so auszeichnet, wird durch den Nationalsozialismus in Deutschland und den sich abzeichnenden Zweiten Weltkrieg zerstört. Nach sechs Jahren ihres Bestehens löst sich die internationale Künstlervereinigung Abstraction Création im Jahr 1936 auf.

Hans Arp, Menschliche Konkretion, 1934,
Gips, 35 x 42 x 34 cm, Privatsammlung Frankreich

Fernand Léger, Komposition mit roter Kugel, 1934, Öl auf Leinwand, 130 x 88 cm, Sammlung M. und Mme. Adrien Maeght

Bei den Malern der Künstlervereinigung Abstraction Création kann man bei aller Verschiedenheit der Kunststile und Künstlerpersönlichkeiten eine Neigung zur abstrakten Kunst feststellen.
Der Titel des Jahrbuches der Gruppe heißt daher auch *Abstraction Création, Art non-figurativ.*
Das Bild Légers ist ein Beispiel abstrakt-konstruktiver Kunst. Es ist komponiert mit Flächen, Linien und Körpern aus dem unerschöpflichen Arsenal geometrischer Formen, die zu einer Bildkonstruktion zusammengefaßt und aufgebaut sind.

Stalinistische Kunst

Im Jahr 1932 läßt die kommunistische Regierung der Sowjetunion den Sozialistischen Realismus zur offiziellen Kunstrichtung erklären. Der Staat diktiert den Künstlern, welche Art von Kunst sie herzustellen haben, nämlich eine Kunst, die ausschließlich darauf ausgerichtet ist, die Menschen ideologisch zu erziehen. Der Staat legt fest, was das Volk zu lieben hat und was dem Volk nützlich ist. Alle freien Künstlerverbände werden aufgelöst und durch einen Einheitsverband ersetzt, der durch die Partei kontrolliert wird. ■ Die Kunst, die sich daraus ergibt, ist eng umgrenzt. Es sind Darstellungen aus der Welt der Arbeit, die Verherrlichung der Revolution, Porträts der Helden der Sowjetunion, Historienbilder. Alles muß verständlich, einfach zu begreifen, optimistisch und schön sein. ■ Die Ergebnisse sind durchweg von klischeehafter Wirklichkeit, oft auch von süßlichem Kitsch. Mit künstlerischem Realismus hat diese Art von Malerei, Bildhauerei und Baukunst nicht viel gemeinsam. Es ist nicht der künstlerische Realismus, der sich an der Wirklichkeit orientiert, sondern ein Realismus der Täuschungen. Es ist Propagandakunst, eine Kunst, die das Volk im Sinne der Machtinteressen des Staates beeinflussen soll. Die meisten Werke haben keinerlei kunstgeschichtliche Bedeutung. ■ In den folgenden Jahren arbeiten auch Künstler anderer Ostblockstaaten unter dem Diktat ihrer Regierungen, so in Polen, Ungarn und nach 1945 auch in der DDR. ■ Der Faschistische Realismus in Italien während der Duce-Zeit und in Deutschland während der Zeit des Nationalsozialismus steht unter ähnlichen Bedingungen.

Alexander Gerassimoff, Lenin auf der Tribüne, 1930

Die Kunst in der Sowjetunion ist in der Stalinzeit vorgeschrieben. Künstler, die sich dem Staat nicht unterordnen wollen, fliehen ins Ausland oder sie verstummen.
Was Stalin liebt, wird gemalt: Historiengemälde der Revolutionszeit, Schlachtenbilder des Bürgerkrieges und theatralische Porträts von Helden und Idealgestalten. Alexander Gerassimoffs Lenin-Darstellung gehört zu den stilistischen Vorbildern.

Kunst im Nationalsozialismus

Die Kunst während der Herrschaft der Nationalsozialisten in den zwölf Jahren ihrer Regierung zwischen 1933 und 1945 heißt im damaligen Sprachgebrauch ›Die Kunst im Deutschen Reich‹. ■ Sie hat mit der freiheitlichen, modernen Kunst der deutschen Avantgardekünstler von Brücke, Blauer Reiter, Novembergruppe, Neue Sachlichkeit und Bauhaus nichts zu tun. ■ Die NS-Kunst ist reaktionär, klischeehaft und unverbindlich. Sie ist vom Staat verordnet und dient nur einem einzigen Ziel: den nationalsozialistischen Staat zu verherrlichen und den Mythos einer neuen, heilen und geordneten Welt zu schaffen. ■ Die Bildthemen sind Heimat, Familie, Landschaft, Arbeiter und besonders die Darstellung des »neuen nordisch-germanischen Übermenschen«. Als der Zweite Weltkrieg von den Nationalsozialisten begonnen wird, sind die Themen um ein weiteres erweitert: die Verherrlichung des Krieges und die Herausstellung der Helden dieses Krieges. ■ Es sind Bilder von mittelmäßigen Malern, die in einer Art klassizistischer Malweise eine pathetische, oft verkitschte Scheinwelt darstellen. Es ist eine sich unter die Macht einer Diktatur unterwerfende Kunst. In Mißachtung aller freiheitlichen und künstlerischen Ideale wird alles Moderne und Besondere in der Kunst ausgeschaltet. Die Vorschriften der Regierung werden zum verbindlichen Maßstab. ■ Im Jahr 1937 veranstalten die Nationalsozialisten die ›Erste Große Deutsche Kunstausstellung‹ unter dem Motto ›Kunst dem Volke‹. Sie wird zu einem Forum der Welt des schönen Scheins mit süßlich-kitschiger Idylle und heroischem Pathos. Kein Name, kein Bild dieser Zeit bleiben in Erinnerung.

Adolf Wissel, Kahlenberger Bauernfamilie, 1939

Arno Breker, Vergeltung, 1941, Gipsentwurf für ein Steinrelief

Wie bei den Malern sind auch ab 1933 die Bildhauer vom Staat angewiesen, ihren Anteil zur Propagandakunst zu leisten. Die, welche sich dem politischen Diktat unterwerfen, tun dies vor allem mit Monumentalplastiken. Häufig sind es Auftragsarbeiten für öffentliche Plätze, Verwaltungshäuser, Universitäten, Schulen, Ministerien, Kasernen und andere öffentliche Bereiche.

Es sind Figuren, Reliefs und Köpfe, die dem staatlich gewünschten Idealbild entsprechen. Themen und Titel sind: Sieger, Kämpfer, Rufer, Mahner, Fackelträger, Kameraden, Bauern, Arbeiter und Soldaten. Die weiblichen Plastiken sind entsprechend: Auserwählte, Schauende, Anmutige, glückliche Mütter und Kinder.

Aus Stein gehauen, in Bronze gegossen in einem verkitschten, pseudo-klassischen Stil. Die Menschen erleben nun eine Kunst, die am besten beschrieben wird mit dem Text eines damaligen Kunstkritikers: »Ein neuer deutscher Künstlertyp ist angetreten, der nicht mehr das Geringste gemein hat mit den dekadenten Bohemetypen oder den Salonästheten der Verfallzeit.«

Verbotene Kunst in der NS-Zeit

Die Arbeit der großen deutschen, international geachteten Künstler, die in so eindrucksvoller Weise hervorgetreten ist, wird mit der Machtübernahme der Nationalsozialisten jäh gestoppt. Man betrachtet ihre Kunst als geistesverwirrt. Sie ist den Machthabern nicht genehm, auch weil sie spüren, daß diese neue Kunst ihnen bedrohlich werden kann, denn sie steht dem Staat und seiner Gesellschaft kritisch gegenüber, und sie verlangt absolute künstlerische Freiheit und Unabhängigkeit von der Politik. Und genau das wollen die Nationalsozialisten nicht. ▪ Im Jahr 1933 beginnt die Einschüchterung und Demütigung der modernen Künstler. Zunächst durch das Gesetz des Mal- und Ausstellungsverbotes. Es soll sie mittellos machen. Dann folgen die Entlassungen aus allen Lehrämtern und Künstlervereinen. ▪ Ab 1935 kontrolliert der Staat alle Ausstellungen in Museen und Galerien. Die Bilder der modernen Maler werden entfernt. Alle Künstler müssen der staatlichen Kunstkammer angehören. Das führt dazu, daß der Staat sie total überwachen kann. ▪ Im Jahr 1937 wird die vom Staat inszenierte Ausstellung ›Entartete Kunst‹ eröffnet. ›Entartete Kunst‹ ist nun die offizielle Bezeichnung der Kunst der Moderne. Diese Ausstellung wird in München, Berlin, Leipzig, Düsseldorf und Frankfurt gezeigt. Sie hat kein anderes Ziel, als die modernen Künstler und ihre Werke an den Pranger zu stellen und sie der Verfolgung, Verhöhnung und Verfehmung preiszugeben. ▪ Davon betroffen sind so berühmte Maler wie **Baumeister**, **Dix**, **Heckel**, **Hofer**, **Nolde**, **Pechstein**, **Rohlfs**, **Schlemmer** und **Schmidt-Rottluff**. Sie und andere bleiben in Deutschland, arbeiten im Untergrund und werden von Freunden notdürftig unterstützt. ▪ Andere Maler fliehen ins Ausland, wie **Albers**, **Feininger**, **Grosz**, **Hartung**, **Kandinsky**, **Klee**, **Kokoschka** und **Schwitters**. ▪ Im Jahr 1945 nach dem Zusammenbruch der Ära der Gewalt und Unterdrückung ist nichts mehr so, wie es zwölf Jahre zuvor war. In Europa und Amerika beginnt ein neues Zeitalter der Kunst.

Paul Klee, Tod und Feuer, 1940, 332 (G 12), 46 x 44 cm,
Öl und Kleisterfarbe auf kleistergrundierter Jute;
originale doppelte Rahmenleisten, Kunstmuseum Bern,
Paul-Klee-Stiftung, Bern, Inv. Nr. B 40

Klee malt dieses Bild im Jahr seines Todes. Er, der jahrelang in Deutschland gemalt und gelehrt hat, ist aus allen Ämtern entlassen worden und hat Mal- und Ausstellungsverbot. Er flieht in die Schweiz.
In den Bildern Klees wird die Nähe zur Realität durch die Gestaltung von Bildzeichen vermittelt. Dieses Bild kann man deuten als ein Sinnbild der schrecklichen Ereignisse des Krieges und der Menschenverfolgung. Es zeigt ein gequältes Gesicht inmitten glutroter Farbe.

1945

Eine Standortbestimmung

Deutschland ist durch Krieg, Hunger, Verfolgung, Vertreibung und Obdachlosigkeit an den Rand des Abgrunds geraten. Die Sorge um die notwendigen Dinge des Alltags sind in den Mittelpunkt des Lebens gerückt. Das soziale Gefüge ist zerstört. Das Land ist nach dem Krieg aufgeteilt in eine englische, französische, amerikanische und russische Besatzungszone. Diese zu verlassen, ist nur mit großem Aufwand möglich. Die Menschen sind illusionslos, mißtrauisch und leben einsam in ihrer zerstörten Welt. Kunst rangiert so ziemlich an letzter Stelle ihrer Bedürfnisse. ▪ Viele große Künstler sind tot oder leben in der Emigration. Die im Land Gebliebenen, haben ihre große Zeit hinter sich. Einige wie **Heckel**, **Hofer**, **Pechstein** und **Schmidt-Rottluff** gehen als Lehrer an Kunstschulen und versuchen, von hier aus Einfluß auf die nachdrängende Generation zu nehmen. ▪ Und da sind die Maler, die unbeirrt in den Jahren der Verfolgung an ihrem Werk weitergearbeitet haben und es nun der Öffentlichkeit zeigen: **Willi Baumeister**, **Otto Dix**, **Werner Gilles**, **Ernst Wilhelm Nay** und **Fritz Winter**. Dazu kommen die Maler, die vor den Nationalsozialisten geflohen sind und im Ausland arbeiten wie **Josef Albers**, **Max Beckmann**, **Max Ernst**, **Hans Hartung**, **Oskar Kokoschka** und **Wols**. Rasch erarbeiten sich diese Künstler einen Platz in der neuen abstrakten Malerwelt. Als die Grenzen sich öffnen, kommt es zum Austausch mit Künstlern der ganzen westlichen Welt. ▪ In Frankreich haben Krieg und deutsche Besatzung die Kunst nicht sehr behindern können. Die großen Maler wie **Braque**, **Léger**, **Matisse** und **Picasso** haben unbehindert ihre Arbeit fortgesetzt. Dazu kommen jetzt Maler einer jüngeren Generation wie **Jean Fautrier**, **Alfred Manessier**, **Pierre Soulages** und **Victor Vasarely**. Mit ihnen ist Frankreich in das Lager der abstrakten Malerei gewechselt.

Italien stand ebenso wie Deutschland unter dem Einfluß der faschistischen Diktatur. Aber ab 1945 sammeln sich schnell junge Maler, die in den Sog der abstrakten Malerei geraten sind. Sie zehren von dem Ideenreichtum der schon historisch gewordenen avantgardistischen Malerei ihres Landes vor der Duce-Diktatur. Diese Künstler sind **Renato Birolli**, **Alberto Magnelli**, **Giuseppe Santomaso** und **Emilio Vedova**. ■ Zu diesen drei europäischen Ländern, die bisher die Führungsrolle in der modernen Malerei innehatten, kommt nun ab 1945 England. Die englischen Maler besaßen bereits internationales Ansehen, waren aber noch nicht im Zusammenhang mit der europäischen Malerei aufgetreten. Es sind **Francis Bacon**, **Ben Nicholson**, **Graham Sutherland** und der Maler und Bildhauer **Henry Moore**. ■ Amerika tritt nach 1945 endlich auch in die europäische Kunstszene ein. Amerikanische Maler hatten schon vor 1945 mit großen Talenten auf sich aufmerksam gemacht. Nun kommen ihre Werke nach Europa und machen großen Eindruck. Die Maler sind **Arshile Gorky**, **Willem de Kooning**, **Robert Motherwell**, **Barnett Newman**, **Jackson Pollock**, **Mark Rothko**, **Mark Tobey** und andere. ■ So entsteht aus dieser Vielfalt von Künstlerpersönlichkeiten und ihren Werken ein kraftvolles, lebendiges, buntes Kaleidoskop einer neuen Kunstepoche in einer freiheitlichen westlichen Welt. ■ In den osteuropäischen Ländern gibt es dagegen nur die staatlich dirigierte Kunst, unfrei, klischeehaft, unkritisch und hoffnungslos. Den Künstlern dieser Länder ist es versagt, Verbindung mit den Künstlern der westlichen Welt aufzunehmen. Der Aufbruch in eine neue künstlerische Zeit findet ohne sie statt.

Abstrakter Expressionismus Amerika

Die sinnfälligste Übersetzung für Abstrakter Expressionismus ist: vom Gegenständlichen gelöste Ausdruckskunst. ■ Zum ersten Mal in der modernen Malerei ist Amerika der Ausgangsort einer bedeutenden Kunstströmung. Bereits 1936 schließen sich amerikanische Künstler zu der Gruppe AAA, American Abstract Artists zusammen. Im Jahr 1945 zeigt dann das Auftreten des Abstrakten Expressionismus den Beginn eines neuen Zeitalters der amerikanischen Kunst an, in der nun New York die Rolle der Kunstmetropole übernimmt. Bis dahin war es Paris. ■ Der Abstrakte Expressionismus ist kein genau umgrenzter Kunststil. In ihm treffen sich alle Ausdrucksmöglichkeiten der Malerei außer der realistischen Kunst. Es ist eine Malerei, die von vorausgehenden Kunststilen ausgeht, vom unbewußten und traumhaften Surrealismus, von der Verherrlichung der Farbe im Orphismus und vom Zufall und der Widersprüchlichkeit des Dadaismus. Dazu kommt die heftige malerische Gestik des Expressionismus. Die Leinwand wird zur Aktionsfläche für eine ungehemmte Malweise, wobei der Künstler mit allen ihm zur Verfügung stehenden Hilfsmitteln die Farbe aufpinselt, schüttet, schleudert, spritzt oder tropft. Alle Gefühlsregungen läßt der Künstler im Augenblick des Malens in das Bild einfließen. So verschmelzen Zufall, Improvisation, seelische Gestimmtheit, Farbe, Form und Malweise zu einem Gesamtwerk. ■ Innerhalb des Abstrakten Expressionismus in Amerika gibt es um 1945 drei wesentliche Strömungen: die lyrische, expressive Abstraktion, vertreten durch **Jackson Pollock**, der in einer bisher unbekannten Maltechnik Bilder von ungewöhnlicher Ausdruckskraft herstellt, indem er die Farbe aufschüttet, aufspritzt und auftropft, Drip Painting genannt; dann die teilweise traditionelle, seelisch triebhafte Malerei von **Arshile Gorky**, **Franz Kline**, **Willem de Kooning** und **Robert Motherwell**. Und die Farbfeldmalerei, Colour Field Painting genannt. Ihre Schöpfer sind **Barnett Newman** und **Mark Rothko**.

Jackson Pollock, Nummer 2, 1950, Öl, Emailfarbe, Silberfarbe und Kieselsteine auf Leinwand, 287 x 91,5 cm, Fogg Art Museum, Harvard University Art Museums, Cambridge (Massachusetts)

Willem de Kooning, Woman V (Frau V), 1952/53, Öl auf Leinwand, 155 x 115 cm, National Gallery of Australia, Canberra

Dieses Bild ist aus de Koonings Serie der Frauenbildnisse. Es ist eine expressionistisch-figurative Darstellung und überschreitet mit seiner noch erkennbaren Figürlichkeit nicht die Grenze zur totalen Abstraktion. Es ist in seiner gestischen, wilden Malerei fast chaotisch und zeigt, mit wieviel Mühe und Verzweiflung der ruhelose und Künstler daran gearbeitet hat. So berichtet er selbst.
Bei keinem Künstler des Abstrakten Expressionismus in Amerika wird die expressionistische Kraft so deutlich sichtbar wie im Werk de Koonings.

Abstrakter Expressionismus Europa

Wiederum wird Paris zum Mittelpunkt einer künstlerischen Bewegung, deren Ursprung zwar in Amerika liegt, die die europäischen Künstler aber begeistert aufnehmen. ▪ Es ist eine große Gruppe von Malern, die sich in der Künstlerverbindung der Ecole de Paris treffen und ab 1945 gemeinschaftlich auftreten und ausstellen. Die abstrakte Kunst hat damit in Europa eine breite Basis gefunden. ▪ Die Ausdrucksvielfalt dieser neuen Kunstströmung des Abstrakten Expressionismus ist breit gefächert. Da gibt es lyrische Abstraktion, chromatische Abstraktion, absolute Malerei, konkrete Malerei, Informel, Art brut, Tachismus, Action Painting, Drip Painting, Colour Field Painting oder Matter Painting. ▪ Die Kunst des Abstrakten Expressionismus ist dadurch geprägt, daß der Maler sich nur noch auf seine eigenen Gefühle und auf seinen inneren Antrieb verläßt. Zwar existieren noch Anlehnungen an vorausgegangene Kunststile, innerhalb kurzer Zeit jedoch verliert sich in den Bildern alles, was auch nur andeutungsweise auf eine Vergangenheit hinweist. Die Kunst des Abstrakten Expressionismus ist autonom geworden. Sie ist selbständig, unabhängig und in absoluter Freiheit gemalt. Auch in den Malweisen, Techniken und den verwendeten Materialien gibt es keine Beschränkung mehr, der Künstler nimmt jedes Hilfsmittel, wenn es seiner Kunst dienlich ist. ▪ Unter den vielen Malern der Ecole de Paris um 1945 sind zu nennen: **Jean Bazaine**, **Roger Bissière**, **Maurice Estève**, **Jean Fautrier**, **Alfred Manessier**, **Georges Mathieu**, **Serge Poliakoff**, **Gustave Singier**, **Pierre Soulages**, **Nicolas de Staël** und **Maria Helena Vieira da Silva**. ▪ Aus Italien kommen **Alberto Burri**, **Lucio Fontana** und **Emilio Vedova,** aus Spanien **Antonio Saura** und **Antoni Tàpies.** ▪ Eine besonders aktive Gruppe ist COBRA, 1949 gegründet, mit dem Dänen **Asger Jorn,** dem Holländer **Karel Appel** und den Belgiern **Corneille** und **Pierre Alechinsky.**

Pierre Soulages, Peinture 9 juin 1954,
Öl auf Leinwand, 100 x 73 cm, Städtische Kunsthalle Mannheim

Karel Appel, Köpfe, 1965, Öl auf Leinwand, 100 x 81 cm,
Ludwig Museum im Deutschherrenhaus Koblenz,
Leihgabe Sammlung Ludwig, Aachen

Appels Bilder sind fast nur mit reinen, ungemischten Farbtönen gemalt. Er empfindet den eigentlichen Malprozeß als »fühlbare, sinnliche Erfahrung« und sagt dazu: »Meine Farbtube ist wie eine Rakete, die ihren eigenen Raum beschreibt«.
Diese Malerei ist eine sehr grobe Art des Abstrakten Expressionismus. Sie wird besonders von den Künstlern der Gruppe COBRA ausgeführt.

Abstrakter Expressionismus
Deutschland

Auch in Deutschland gibt es nach 1945 eine starke Gruppe abstrakter Expressionisten, sie findet sich aber zunächst noch nicht zu einer Gemeinschaft zusammen. Viele Künstler sind Einzelgänger, die sich auf sich selbst zurückziehen, um die Schrecken der vergangenen Jahre zu verarbeiten oder um einen Neuanfang vorzubereiten. Da sind **Hans Hartung** oder **Ernst Wilhelm Nay** und **Wols** (Alfred Wolfgang Schulze), die als Emigranten in Frankreich bleiben. Sie gehören zu den ersten deutschen Repräsentanten des Abstrakten Expressionismus. ■ Im Jahr 1949 gründen **Willi Baumeister**, **Julius Bissier, Rupprecht Geiger**, **Fritz Winter** und andere die Gruppe ZEN 49. Um 1952 formieren sich einige andere junge abstrakte Maler in der Künstlergruppe QUADRIGA. Dazu gehören **Karl Otto Götz**, **Otto Greis**, **Bernard Schultze** und ab 1953 **Emil Schumacher**. Später kommen **K.R.H. Sonderborg, Fred Thieler**, **Hann Trier** und noch später **Peter Brüning**, **Karl Fred Dahmen** und **Gerhard Hoehme.** Es sind alles Künstler, die in der internationalen Kunstwelt angesehen sind. ■ Das Bild der deutschen abstrakten Malerei ist ebenso vielfältig wie in Europa und Amerika. Auch der Zusammenschluß in Gruppen bringt nicht die Einheit eines Malstils. Zu unterschiedlich sind die Künstlerpersönlichkeiten, und in der wiedergewonnenen Freiheit schränkt sich niemand mehr ein. Aber alle haben eines gemeinsam: die spontane Gestik, die freie Improvisation und die uneingeschränkte Farb- und Materialwahl. Die bildende Kunst läßt keine Grenzen mehr zu. Das frühere akademische Bild des Künstlers ist nicht mehr vorhanden. ■ Die wenigen gegenständlichen Maler, die sich um den realistischen Expressionisten Karl Hofer scharen, sind künstlerisch zu schwach, um gegen die große Formation der abstrakten Expressionisten zu bestehen. Dies zeigt sich besonders auf der ersten großen Kunstausstellung in Deutschland, der documenta I im Jahr 1955. Hier überwiegt bei weitem die moderne Avantgarde.

Ernst Wilhelm Nay, Ocker, Gelb und dunkles Blau, 1968, Öl auf Leinwand, 162 x 150 cm, Neue Nationalgalerie, Staatliche Museen zu Berlin – Preußischer Kulturbesitz

Willi Baumeister, Phantom II, 1951, Künstlerexemplar Serigraphie,
Blatt: 64,7 x 75,5 cm, Galerie der Stadt Stuttgart

Der Titel verweist darauf, daß der Maler dem ›Unbekannten in der Kunst‹ nachspürt. Er schreibt auch ein Buch darüber.
Auf dem Bild ist nichts mehr dargestellt, was man auf den ersten Blick erkennen kann. Es ist ausgefüllt mit abstrakten Zeichen und Formen von poetischer Ausdruckskraft. Diese Kunst ist voller Schönheit, die den Betrachter zur inneren Einkehr einlädt.

Abstrakter Expressionismus
Bildhauer

Die Bildhauerei gewinnt ab 1945 eine seit langem nicht mehr gekannte Bedeutung. Große Künstler wie **Kenneth Armitage**, **Alexander Calder**, **Eduardo Chillida**, **Alberto Giacometti**, **Bernhard Heiliger**, **Marino Marini**, **Henry Moore**, **Germaine Richier**, **Hans Uhlmann**, **Fritz Wotruba** sind zu nennen. ■ Die fortschreitende Entwicklung von neuen technischen und handwerklichen Prozessen führt auch zu einer tiefgreifenden Veränderung in der Herstellung der künstlerischen Plastik. Der Künstler bedient sich nun aller industriellen Montagetechniken wie Schweißen, Schrauben, Löten, Biegen, Verformen, Fräsen, Schleifen. Dazu kommen neue Materialien, die künstlerisch eingesetzt werden: erstarrte Lava, knorrige Äste, Wurzeln, geschmolzenes Blei, gepreßter Schrott. Neue Werkstoffe werden verwendet: Eisen, Stahl, Aluminium, Beton, Kunststein, Glasfaserkunststoff, Acrylglas, Kunstharz, Pappe, Pressholz und vieles andere. Dieses besondere Interesse für neue Materialien und ihre jeweiligen Möglichkeiten gilt als ausgeprägtes Kennzeichen der Bildhauerei nach 1945.

Bernard Schultze,
Langer roter Migof, 1971
Holz, Öl, Draht, Textilien,
Plastikmasse,
183 x 114 x 59 cm,
Museum Ostdeutsche
Galerie, Regensburg

Kenneth Armitage, Leute im Wind,
1950, Bronze, 65 x 40 x 35 cm,
Städtische Kunsthalle Mannheim

Henry Moore, Arbeitsmodell für aufrechte innere und äußere Form, 1951, Gips mit Oberflächentönung, Höhe 63,2 cm, The Henry Moore Foundation

Ein neues Reich erfundener Formen entsteht. Figurativ oder nicht figurativ ist überhaupt keine Frage mehr. Ein wesentliches Ausdrucksmittel der Kunst in den Bilhauerarbeiten von Henry Moore ist die Zersprengung der Form durch Öffnungen, Durchbrüche, Lufträume und Mehrteiligkeit. Hier ist es die Figur in der Figur.
Der Abstrakte Expressionismus ist eine gewaltige künstlerische Explosion. Er befruchtet das Kunstgeschehen bis zum Ende des 20. Jahrhunderts in ungebrochener Kraft.

Sozialistische Kunst in der DDR

Die Kunst in der Deutschen Demokratischen Repulik ist nach dem Ende des Zweiten Weltkriegs fest eingebunden in die Politik von Staat und Partei. Die anfänglichen Versuche einiger Künstler und Kunsthistoriker, auf die Tradition der Kunst vor der Zeit des Nationalsozialismus einzugehen, schlägt fehl. Die neuen Machthaber meinen, daß diese Kunst nicht wirklichkeitsnah und volksverbunden sei. Die Partei und der Staat wollen den sozialistischen Realismus, so wie er in der Sowjetunion üblich ist. ■ Da es keinen privaten Kunsthandel gibt und nur der Staat und die Partei Aufträge vergeben, fügt sich der größte Teil der Künstler. Sie schaffen Werke zur Verherrlichung des Arbeiter- und Bauernstaates. Es gibt aber auch Künstler, die sich ihre Freiheit bewahren. Sie gehen in den freien Westen so wie Gerhard Hoehme und Gerhard Richter. Andere arbeiten in der Stille. Sie behalten ihre künstlerische Kreativität, können aber weder ausstellen noch verkaufen. Zu ihnen gehören die beiden Grafiker Gerhard Altenbourg und Carlfriedrich Claus. ■ Um 1950 zeigen sich die Folgen der Kunstdiktatur. Die Kunst ist so obrigkeitshörig geworden, daß sie jeden Anspruch aufgegeben hat, gute Kunst zu sein. Sie ist phantasielos, pathetisch und künstlich, aber nicht künstlerisch. Sie wird bestimmt von wenig begabten Schönmalern. ■ Der Widerstand braucht Jahre, um sich gegen diese unbedeutende Kunst aufzulehnen. Es sind Maler, die um 1965 beginnen, in ihre Bilder Stilelemente der mißbilligten westlichen, modernen Kunst einzufügen. Und sie schreiben und sprechen deutlich über eine zwingend notwendige Erneuerung der Kunst in ihrem Land: **Bernhard Heisig, Wolfgang Mattheuer, Willi Sitte** und **Werner Tübke.** ■ Ab 1970 ändert sich die Meinung von Staat und Partei zur Kunst. Man spricht nun von »Weite und Vielfalt im Bereich der Kultur« und »Das Suchen nach neuen Formen, Mitteln und Techniken ist unerläßlich«. Die Kunst ist freier und offener geworden.

Wolfgang Mattheuer, Jahrhundertschritt, 1984/85,
bemalte Bronze, 265 x 90 x 230 cm, Ludwig Institut, Schloß Oberhausen

Willi Sitte, Chemiearbeiter am Schaltpult, 1968, Öl auf Hartfaser, 148 x 100 cm, Staatliche Galerie Moritzburg, Halle

Es gehörte zu den gesellschaftlichen Aufgaben der Kunst in der DDR, den Alltag des ›Arbeiter- und Bauernstaates‹ in künstlerischen Bildern und Plastiken darzustellen.
In diesem Bild sind ein Arbeiter und die Gegenstände seines Arbeitsplatzes genau charakterisiert. Das, was der Maler schildert, erschließt sich dem Betrachter sofort. Es ist eine Zustandsbeschreibung, die ohne Symbolsprache und Sinnbilder auskommt und den künstlerischen Anspruch nur über das große malerische Können festlegt.

1945

Art brut

Art brut heißt übersetzt ›rohe Kunst‹ oder ›unverbildete Kunst‹. Sie ist eine Stilrichtung innerhalb der großen Kunstströmung des Abstrakten Expressionismus. Der französische Maler **Jean Dubuffet** nennt seine Kunst so, weil sie von der Kunst primitiver Völker beeinflußt ist, der Kunst von Geisteskranken, Laien und Kindern. Er ist es, der 1945 im Alter von 44 Jahren beginnt, diese rohe, unverbildete Malerei zu entwickeln. Er beschichtet die Leinwände mit Leim, Sand, Harz und anderen plastischen Materialien. Dann bemalt er sie und kratzt Figuren, Zeichen und Symbole in diese rauhe Oberfläche. Das Ergebnis ist, daß die Arbeiten roh, zerfallen, unbeholfen, bisweilen chaotisch aussehen. Er bringt hiermit eine malerische Technik und Bildauffassung ein, die es bisher noch nicht gegeben hat. Das alles ist nicht ›normal‹, und Dubuffet beginnt mit der Frage: »Was ist normal?« eine Diskussion über die Malerei der Geisteskranken, Laien, Primitiven, Naiven. Es ist die Gruppe der kreativen Menschen, die bisher dem anerkannten Kunstbetrieb nicht angehören durften. Seine Bilder sind von erregender Ausdruckskraft und beeinflussen viele Maler, in ähnlicher und abgewandelter Form so weiterzuarbeiten. ■ **Antoni Tàpies** übernimmt seine malerischen Techniken, ebenso die Maler der Künstlergruppe COBRA: **Pierre Alechinsky**, **Karel Appel**, **Corneille** und **Asger Jorn.** Sie stehen der Art brut sehr nahe, auch in der Wahl ihrer Motive aus der Mythologie. Aus ihren kraftvollen, bisweilen aggressiven Bildern strömt eine leuchtende Farbigkeit. Sie sind gemalt in einer spontanen, heftigen künstlerischen Gestik. ■ Auch **Alberto Burri** und **Jean Fautrier** sind der Art brut zuzuordnen, obgleich diese und andere Künstler innerhalb der Strömung des Abstrakten Expressionismus im Verlauf ihrer Arbeit noch andere Stilauffassungen vertreten. In der großen künstlerischen Freiheit, die nach 1945 beginnt, zeigt sich auch, wie groß das Feld der experimentellen Malerei ist. Und was es noch alles an Kunstformen zu entdecken gibt, ist erst ansatzweise zu erkennen.

Jean Dubuffet, Paar in Grau, Ultramarin und Karmin, 1945,
Öl auf Leinwand, 100 x 80 cm, Privatbesitz Schweiz

Dubuffet macht sich frei von allen bisherigen künstlerischen und geistigen Werten in der Malerei. Wie auf diesem Bild will er Bilder malen wie ein Kind oder wie ein Primitiver, der künstlerische und kulturelle Werte nicht kennt. Seine Bilder sind außerhalb der gängigen Kunst. Er nennt sie selbst »brut«, roh.

Zu seinen Bildern schreibt er 1966: »Zufällige Klekse, tolpatschige Schnitzer, Formen, die offenkundig falsch sind und der Wirklichkeit widersprechen, Farben, die nicht stimmen und passen. Alles Dinge, die für manchen unerträglich sein müssen und sogar mich zuweilen etwas irritieren, weil sie oft die Wirkung zerstören. Doch ich akzeptiere sie, weil man darin hautnah die Hand des Malers im Bild erkennt und weil so verhindert wird, daß das Objekt dominiert und die Dinge eine zu genaue Gestalt annehmen.«

Tachismus

Der Tachismus ist eine Stilrichtung innerhalb des Abstrakten Expressionismus. Der Name ergibt sich aus der Beschreibung der Maltechnik: la tache (frz.) heißt ›Fleck‹. Farbflecken und Linien werden spontan und ohne vorher festgelegte Komposition oder Vorzeichnung auf die Leinwand gemalt. ■ Der impulsive Malvorgang gibt dem Künstler die Möglichkeit, eine ganz persönliche, im Augenblick empfundene Aussage aufzuzeichnen. Das Bild wird beim Malen zu einer Aktionsfläche, auf der der Künstler seine Gefühle, Stimmungen, Gedanken niederschreibt. Einzig seine persönliche Sichtweise ist der gültige Maßstab. Es bleibt ihm allein überlassen, auf herkömmliche ästhetische Bräuche Rücksicht zu nehmen. ■ Die Botschaftslosigkeit der Bilder macht es dem Betrachter schwer. Er findet so leicht keinen Zugang. Seine Sehgewohnheiten sind nicht mehr anwendbar, seine Phantasie ist nun gefordert. ■ Der erste Künstler, der so malt, ist der in Frankreich im Exil lebende deutsche Maler **Wols** (Alfred Wolfgang Schulze), der im Jahr 1945 als 32jähriger diese ganz neue Art von Bildern in einer Ausstellung zeigt. ■ Georges Mathieu, der selbst tachistischer Maler ist, schreibt: »Vierzig Meisterwerke (in der Galerie Drouin), jedes zerschmetternder, aufwühlender, blutiger als das andere. Ein Ereignis, ohne Zweifel das wichtigste seit den Werken van Goghs. Wols hat alles vernichtet. Nach Wols ist alles neu zu machen. Im ersten Anlauf hat Wols die Sprachmittel unserer Zeit genial, unabweisbar, unwiderlegbar eingesetzt und sie selbst zu höchster Intensität gebracht.« ■ Der Tachismus wird von vielen Malern als Ausdrucksmittel ihrer Auffassung von Kunst eingesetzt, von **Jean Fautrier**, **Georges Mathieu** oder in abgewandelter Form auch von **Willi Baumeister, Karl Otto Götz**, **Gerhard Hoehme, Ernst Wilhelm Nay**, **Bernard Schultze**, **Emil Schumacher** und **K.R.H. Sonderborg.**

Georges Mathieu, Parnes, 1965, Öl auf Leinwand, 100 x 197 cm, Städtische Kunsthalle Mannheim

Wols, L'Oiseau, 1949, Öl auf Leinwand, 92 x 65,5 cm, D. und J. de Menil Collection, Houston (Texas)

»Er überschwemmt jegliche an etwas gemahnende Figur durch graue Flüsse, Bäche, Rinnsale von Terpentin, damit sie alles Feste, alle Konturen auflösen und zernagen. Strukturen werden sichtbar. Er geht den Spuren nach, Andeutungen werden gefaßt, zusammengezogen, belebt, betont, gelöscht, durch farbige Spritzer, Kommata, Punkte, Linien, Pinselschwünge kürzerer oder ausholender Gesten, für die es keine formalen oder psychologischen Gründe gibt. Sie nisten sich an unberechenbaren Stellen ein, verknoten und verdichten sich zu Figurationen, zu Zeichen, zu Dringlichkeiten vorher nicht gesehener Erscheinung und überraschender, unerklärlicher Bedeutung«. (Friedrich Bayl)

Colour Field Painting

Colour Field Painting heißt Farbfeldmalerei. So bezeichnet man eine Stilrichtung innerhalb des Abstrakten Expressionismus, die zuerst von amerikanischen Künstlern erarbeitet wird. Die Farbfeldmalerei ist zwar durch den russischen Konstruktivisten Kasimir Malewitsch seit 1915 bekannt, jedoch braucht es 35 Jahre Zeit, um für diese Malerei eine größere Plattform zu schaffen. ■ **Barnett Newman** und **Mark Rothko** sind um 1950 die Wiederentdecker. ■ Die Farbfeldmalerei hat keinen direkten Bezug zur Außenwelt. Es gibt keine Bildmotive, die eine Verbindung vom Maler zum Betrachter herstellen. Die Bilder scheinen emotionslos gemalt zu sein. Da sie keine erkennbaren Bildmotive haben, sind sie dem Betrachter nur schwer zugänglich. ■ Aber durch ihre meditative Stille machen sie nachdenklich. Bei manchen Bildern von Mark Rothko kann man sogar von einer Art mystischer, religiöser Malerei sprechen. Es sind große einfarbig gemalte Flächen, deren Ränder sich auflösen und ohne strenge Begrenzung in das nächste Farbfeld übergehen. ■ Barnett Newman malt Farbfelder, die sozusagen über den Rand des Bildes hinausgehen und den Raum ringsherum mit einbeziehen. Die einfarbigen Felder sind unterteilt mit andersfarbigen Linien verschiedener Breite, die streng geometrisch, senkrecht und waagrecht die Flächen durchziehen. Die Farbfelder sind glatt gemalt ohne sichtbare Pinselstrukturen. Sein Werk hat Einfluß auf weitere Künstler wie **Ellsworth Kelly**, **Kenneth Noland** und **Frank Stella.** ■ Kellys Bilder haben Farbflächen, die sich exakt vom Hintergrund abzeichnen und deren Ecken bisweilen hart aufeinander stoßen. Diese Merkmale führen zu einer weiteren Stilart, die man Hard-Edge-Malerei nennt. ■ Alle Bilder sind von sparsamer Komposition. Sie sind in ihrer Anlage diszipliniert und geistig durchdacht. In der großen Welt des Abstrakten Expressionismus sind sie ein weiteres Element in der Fülle der künstlerischen Möglichkeiten.

Mark Rothko, Red-Brown, Black, Green, Red, 1962,
Öl auf Leinwand, 206 x 193,5 cm, Fondation Beyeler, Riehen

Die Bilder von Mark Rothko haben alle ungewöhnliche Ausmaße. Er sagt dazu: »Ein kleines Bild zu malen bedeutet, sich aus seiner Erfahrung herauszunehmen. Wenn man ein großes Bild malt, so ist man in ihm.«
Wenn der Betrachter an diese Bilder herantritt, fühlt er sich ganz von Farbe umgeben. Die unscharfen, verschwimmenden Flächen vermitteln eine tiefe Räumlichkeit. Die Farbflächen werden zu Farbräumen.
Innerhalb der Kunstrichtung des Abstrakten Expressionismus sind die Bilder der Farbfeldmaler die abstraktesten Werke. Sie sind absolut frei von jeder Gegenständlichkeit.

Phantastischer Realismus

Der phantastische Realismus ist weder an eine Zeit gebunden, noch hat er eine besondere Ausdrucksform. Zu allen Zeiten suchten Künstler Zugang zu mythischen Themen und Traumwelten. Aber zu einer geschlossenen Gruppe oder zu einem gemeinsamen Stil haben sie sich nie zusammengefunden. ■ Einzelne Namen sind zu nennen wie **Hans Bellmer**, **Richard Oelze**, **Meret Oppenheim**, **Bernard Schultze**, **Graham Sutherland**, **Mac Zimmermann**. ■ Um 1950 gibt es jedoch eine Gruppe junger Künstler, die sich enger zusammenschließen und als ›Wiener Schule des Phantastischen Realismus‹ bekannt werden. Es sind **Arik Brauer**, **Ernst Fuchs**, **Rudolf Hausner**, **Friedensreich Hundertwasser** und **Arnulf Rainer**. ■ Sie befassen sich zunächst mit dem Surrealismus und dem Jugendstil und lassen Merkmale dieser Stile in ihre eigene Kunst einfließen. Ihnen allen ist ein Hang zur Mythologie eigen, zur Fabel, zu kosmischen Träumen, erotischen Phantasien und Weltuntergangsvisionen. Zu einem gemeinsamen Programm finden sie nicht.

Arik Brauer, Brennende Frau als Blume, 1966, Öl auf Sperrholz, 63 x 70 cm, Sammlung Essl, Wien-Klosterneuburg

Friedensreich Hundertwasser, 477 The three nose rivers, 1961, Acryl-Mischtechnik auf Papier, kaschiert auf Leinwand, 46 x 53 cm, Sammlung Essl, Wien-Klosterneuburg

Rudolf Hausner, Adam maßstäblich I, 1972, Novopanplatte mit Papier beklebt, Tempera, Acryl, Harzölfarben, 65 x 67 cm

Immer wieder malt Hausner seine Adam-Bilder. Sie werden über Jahrzehnte in ungezählten Variationen zum Schwerpunkt seines Schaffens. Die bildnerische Qualität seines Werkes liegt in den phantasievollen Bildeinfällen, in der altmeisterlichen Malweise und in seiner eigenen, unverkennbaren Farbskala.

Neuer Realismus

Die Kunst des Abstrakten Expressionismus ist auf innerseelische Vorgänge gerichtet. Sie ist unrealistisch und dem Betrachter nur schwer zugänglich. ■ Die Künstler des Neuen Realismus wollen den Kontakt zwischen der Kunst und dem Menschen wiederherstellen. Der Neue Realismus entsteht etwa ab 1955 zur gleichen Zeit in Amerika (New Realism) und Europa mit Schwerpunkt in Frankreich (Nouveau réalisme). Er ist also eine Gegenströmung zur abstrakten Kunst. Die Künstler übernehmen die Techniken der Collage und Assemblage. Sie fügen Gegenstände des täglichen Konsums in ihre Bilder ein, kombinieren sie mit den gemalten Bildern. In Amerika heißen diese Werke daher auch ›Combine Painting‹ (kombiniertes Bild), in Frankreich sind es die ›Assemblagen‹ (Hinzufügungen). ■ Die Bezeichnung Realismus bezieht sich auf diese Objekte des täglichen Lebens. Bei **Robert Rauschenberg** und **Jasper Johns** sind es die von der Industrie erzeugten Güter und deren Abfallprodukte, bei **Yves Klein** Schwämme, die er auf blaue, einfarbige Bildtafeln montiert. **Daniel Spoerri** klebt beispielsweise Reste eines Frühstücks auf die Tischplatte und hängt diese wie ein Bild an die Wand. **Fernandez Arman** legt Zahnräder auf eine Platte, übergießt sie mit durchsichtigem Harz und stellt dies als Bild aus. Durch das Hinzufügen von Objekten auf die Leinwand werden die Grenzen der Malerei weit überschritten. ■ Eine eigenartige neue Bildwelt ist entstanden. Sie erregt die Neugierde der Menschen so stark, daß der nächste Schritt der Künstler nun ist, den Betrachter bei der Erstellung eines Kunstwerkes mit einzubeziehen. So entsteht bald das Happening, die Schaffung eines Kunstwerkes unter Beteiligung des Publikums. ■ Die Kunstströmung des Neuen Realismus ist zeitlich nur von kurzer Dauer, etwa von 1955 bis 1960. Sie geht in Amerika auf direktem Weg in die Pop Art über. Die große Bedeutung des Neuen Realismus liegt darin, daß er den Abstrakten Expressionismus ablöst.

Fernandez Arman, Jim Dines Müllkasten, 1961,
Objekte und Plexiglas, 51 x 30 x 30 cm, Sammlung Sonnabend

Robert Rauschenberg, Fleck, 1963, Siebdruck und
Öl auf Leinwand, 147,3 x 101,6 cm, Staatsgalerie Stuttgart

In seinen Bildern bezieht der Künstler die Dinge des täglichen Lebens mit ein.
Im Siebdruckverfahren überträgt er einzelne fotografische Motive auf die Leinwand und vermischt diese Bildfragmente mit gemalten Flächen. Somit gibt er die traditionelle Geschlossenheit eines Bildes auf. Der Blick des Betrachters muß sich bei der Vielzahl der Einzelteile stets neu einstellen.

Aktionskunst

Das englische Wort Happening heißt übersetzt ›Ereignis‹. Es ist der Oberbegriff für viele andere Bezeichnungen wie Art Events, Fluxus, Performance oder als deutsche Bezeichnung Aktionskunst. Gemeint ist ein überraschendes, oft schockierendes Kunstereignis, das meistens improvisiert wird und dessen Ergebnis nicht vorhersehbar ist. Das eigentliche Kunstwerk ist die Aktion selbst. ■ Der Künstler will mit dieser Aktion, die aus Elementen der Malerei, Bildhauerei, des Theaters, der Musik und des Tanzes bestehen kann, das Publikum einfach nur für sich interessieren, für seine Kunst und für seine künstlerischen Ideen. Und die Erlebnisfähigkeit des bislang nur zuschauenden Publikums soll durch aktive Teilnahme an den Aktionen erweitert werden. Die Happeningkünstler haben ihre Ateliers verlassen und sind in die Öffentlichkeit gezogen. ■ Der Beginn des Happenings ist mit der Pop Art in Amerika verbunden. Allan Kaprow veranstaltet 1958 das erste Happening in New York. Künstler und Zuschauer rollen Fässer, die irgendwo herumstehen und dazu tragen sie Aluminiumfolien hin und her. Es soll nichts anderes erreicht werden als die Teilnehmer aus der Trägheit des Alltages aufzurütteln. ■ Happening und die anderen Aktionskünste erreichen nie ein breites Publikum. Es liegt daran, daß immer nur eine begrenzte Anzahl von Menschen zuschauen und mitmachen kann und die Aktionen wegen der vielen Zufälligkeiten nicht wiederholbar sind. So besteht auch keine Möglichkeit zur Vermarktung. Auch dies ist ein Grund für das Scheitern dieser Kunstform. ■ Dennoch gab es immer wieder begeisterte Zustimmung, vor allem wegen der berühmten Künstler, die diese Kunstaktionen ausführten, wie **Joseph Beuys, Jim Dine, Allan Kaprow, Yves Klein, Claes Oldenburg, Robert Rauschenberg** und **Wolf Vostell**. ■ Heute beschränkt sich ein Happening häufig auf eine Performance zur Eröffnung einer Ausstellung.

Allan Kaprow, Southhampton Parade, 1966,
Teil eines kollektiven Happenings GAS, Long Island, New York

Das Happening *GAS* wird 1966 an mehreren Orten in Amerika aufgeführt.
Kaprow stellt in einem Park verschiedene Materialien auf, die den Besuchern vertraut sind. Hier sind es Fässer und Gasballons. Die Mitspieler verstellen in der Aktion diese Dinge zu immer anderen Bildern.

Pop Art

Diese populäre Kunst entwickelt sich etwa ab dem Jahr 1955 gleichzeitig in Amerika und England. Ihr Höhepunkt liegt zwischen 1960 und 1965. Sie hat keine sozialen Absichten. Sie ist ganz einfach eine Brücke zwischen Kunst und Leben, gemacht von fröhlichen Menschen, die das Leben nicht so ernst nehmen. ▪ Diese Kunst ist unkompliziert, sofort erfaßbar und von jedem einfach zu begreifen. Sie ist bunt und schön und schildert den Alltag, den ›way of life‹, der geprägt ist vom Konsum der Wirtschaftswunderjahre und einem wenig anspruchsvollen Unterhaltungsbedürfnis. Für den Betrachter ist die gemalte Teedose (s. u.) so gut wie der Apfel von Cézanne. ▪ So schnell, wie sie kam, ist sie vorüber, die Kunst für Konsumenten. Der Maler Richard Hamilton stellt seine berühmte Liste ihrer Eigenschaften so zusammen: populär (daher kommt der Name), vergänglich, verbrauchbar, billig, massenproduziert, auf die Jugend ausgerichtet, witzig, sexy, spielerisch, verführerisch, geschäftstüchtig. ▪ Was bleibt, sind die Namen begabter Künstler, die auch nach ihrer Pop-Art-Zeit beeindruckende Werke schaffen: in England **Peter Blake**, **Richard Hamilton**, **David Hockney**, **Allen Jones**, **Eduardo Paolozzi** und **Peter Phillips**; in Amerika **Jim Dine**, **Edward Kienholz**, **Roy Lichtenstein**, **Claes Oldenburg**, **James Rosenquist**, **Andy Warhol** und **Tom Wesselmann**.

David Hockney, Tea Painting in an Illusionistic Style, 1961, Öl auf Leinwand, 198 x 76 cm, Privatbesitz

Roy Lichtenstein, M-Maybe (A Girl's Picture), 1965, Magna auf Leinwand, 152 x 152 cm, Museum Ludwig, Köln

Tom Wesselmann, Badewanne Nr. 3, 1963, Öl auf Leinwand, Kunststoff, verschiedene Objekte, 213 x 270 x 45 cm, Museum Ludwig, Köln

Formale Anregungen zu ihren Bildern nehmen die Pop-Art-Künstler von den Gegenständen des modernen Lebens. Sie werden naturgetreu abgemalt oder als Collagen auf die Leinwand geklebt und montiert. Die Farben sind meist unvermischt und grell, sie entsprechen den Sehgewohnheiten von Filmplakaten, Firmenwerbungen und Verkaufsprospekten.
Tom Wesselmanns Bild ist mit wirklichen Einrichtungsgegenständen wie Tür, Handtuch, Vorhang, Wäschekorb und Fußmatte erweitert. Die Figur ist nur flach und schemenhaft dargestellt und steht im Kontrast zu den plastischen Objekten.
Dieses Werk ist ein Beispiel für das Combine Painting, das kombinierte Bild. Gegenstände werden reliefartig in ein gemaltes Bild montiert. Es ist eine Kunstform zwischen Bild und Objekt.

Wiener Aktionisten

In Wien entsteht aus der Happeningszene eine neue Aktionsform. Es ist eine Art Theater, teils inszeniert, teils improvisiert. Diese künstlerischen Aktionen sind allerdings so extrem von der herkömmlichen Kunstauffassung abgewandt, daß die Besucher geschockt, angeekelt, angewidert und fassungslos sind. In einem turbulenten Happening 1968 mit obszöner Beschimpfung von Staat und Kirche und einer nicht mehr zu überbietenden Schau sexueller Selbstbefriedigung verletzen die Künstler jedes Tabu. Nach dieser Aktion werden die Hauptbeteiligten **Günter Brus**, **Otto Muehl**, **Oswald Wiener** und andere Beteiligte zu Haftstrafen verurteilt. ■ Die Wiener Aktionisten verstehen sich als Moralisten, die aufrütteln wollen gegen Anpassung und Heuchelei. Sie lehnen die Autorität von Staat und Kirche ab. Anfangs geht es ihnen darum, die Malerei zu überwinden und ein Gesamtkunstwerk zu schaffen, bei dem der Körper mit einbezogen wird. Später wollen sie sich durch ihre hemmungslosen Aktionsspiele von ihren Aggressionen befreien. Diese Taten werden vom Publikum nicht akzeptiert. Sie lösen auch bei Kunstkritikern heftige Kontroversen aus. ■ Günter Brus malt in einer Aktion 1964 sich und die Wand an. Er macht sein Gesicht zum Malgrund. Der Titel heißt *Bewältigte Selbstverstümmelung.* ■ Weitere Künstler des Wiener Aktionismus sind **Hermann Nitsch** und **Rudolf Schwarzkogler**.

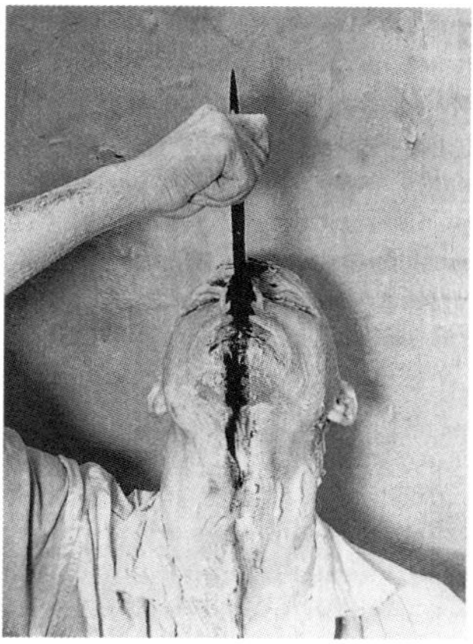

Günther Brus, Aktion Selbstbemalung, 1964, Atelier Sailer, Wien

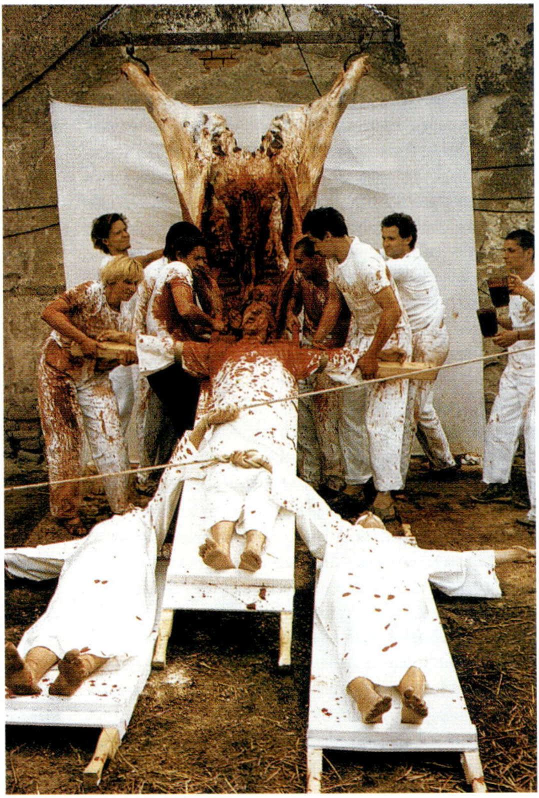

Hermann Nitsch, Szene aus einer Aufführung des Orgien-Mysterien-Theaters, 1985, 80. Aktion, Prinzendorf, Zaya

Dieses Orgien-Mysterien-Theater – es dauert drei Tage und drei Nächte – ist ein Gesamtkunstwerk. Es setzt sich zusammen aus gespielten Bildern, Musik und Gerüchen. Geschlachtete Tiere werden aufgebrochen. Die Kadaver werden gekreuzigt und das Tierblut und die Innereien über die Mithelfer geschüttet. Die Teilnehmer und Zuschauer werden dann zu Essen und Trinken eingeladen. Der Künstler sagt: »Ich will das Drama zum Fest erweitern.« Das Fernsehen nimmt alles auf.

Video-Kunst

Dies ist Kunst, die über den Fernseh- und Computerbildschirm vermittelt wird. Sie wird um 1960 zunächst innerhalb der Fluxus- und Performance-Bewegung, der Aktionskunst gezeigt. ▪ Die Video-Künstler interessieren sich für alles, was ihre Zeit charakterisiert und finden, immer auf der Suche nach dem Neuen, Unbekannten, zunächst das Fernsehen als künstlerisches Ausdrucksmittel. Später wird auch der Computer mit einbezogen. ▪ Auch der Videorecorder kommt zum Einsatz, zur Aufzeichnung der vergänglichen Performancekunst. So wird diese der Nachwelt erhalten. ▪ Die Video-Kunst zeigt, wie sehr sich Kunst vom konventionellen Kunstverständnis entfernen kann. Die Video-Künstler sind der totalen Abschaffung der traditionellen Kunst sehr nahe gekommen. ▪ Von denen, die in diesen Jahren mit der Videokunst experimentieren, ist nur einer übrig geblieben, der auch bis zur Gegenwart seiner Überzeugung treu geblieben ist: **Nam June Paik**. In der Folgezeit war die Video-Kunst auf wenige Werke beschränkt. Auch als sie auf der documenta 1977 vorgestellt wird, kann sie nicht nachhaltig überzeugen. ▪ Um 1980 beginnen die Künstler ihre Videoinstallationen mit anderen Materialien zu verbinden und schaffen so raumgreifende Gesamtkunstwerke, die zu plastisch-elektronischen Erlebnis-Installationen werden. ▪ Diese technisch perfekten Arbeiten erstaunen und interessieren das Publikum und regen die Menschen an, über die ganz andere Seite des Fernsehens nachzudenken, nämlich als Kunstgegenstand und Kunstvermittler.

Shigeto Kubota, Duchampiana, Akt eine Treppe herabsteigend, 1991, 1-Kanal Videoinstallation, 4 Monitore, Laserdisk, Laserdiskplayer, Holzarchitektur, 53 x 22 x 36 cm, Museum für Neue Kunst | ZKM Karlsruhe

Nam June Paik, TV-Cello, 1971, Aktion mit der Cellistin Charlotte Moorman, New York

Diese Installation *TV Cello* ist Bestandteil einer künstlerischen Aktion, die Nam June Paik 1971 mit der Cellistin Charlotte Moorman in New York veranstaltet.
Dazu hat der Künstler ein Musikinstrument aus drei Bildschirmen und zwei bespielbaren Saiten gebaut. Es werden elektronische Klänge nach einer musikalischen Komposition des Künstlers erzeugt. Gleichzeitig verändern sich dazu die Bilder auf den drei Monitoren.

Op Art

Op Art ist die Kurzbezeichnung von Optical Art (engl.). Das bedeutet optische Kunst oder die Kunst der optischen Wirkung. ■ Vorläufer dieser Kunst sind Kasimir Malewitsch, Piet Mondrian, die Künstler der Abstraction Création und die Künstler der monochromen und der Farbfeld-Malerei. ■ Der bedeutendste Vertreter der Op Art ist **Victor Vasarely**. Er ist schon 57 Jahre alt, als die Op Art 1965 ihren glanzvollen Höhepunkt anläßlich der zweiten Mouvement-Ausstellung in Paris erreicht. 51 Künstler aus zwölf Ländern stellen ihre Werke aus. ■ Natürlich arbeiten die Künstler schon seit vielen Jahren an der Kunst der optischen Wirkung. Werke von Vasarely datieren zurück in die 50er Jahre. ■ Typisch für diese Kunstform sind streng geometrisch kleine Flächen, wie Rechtecke, Quadrate, Rhomben, Kreise und Ellipsen, die zu Mustern zusammengesetzt werden. Diese Muster täuschen Formen vor, die hervortreten oder zurücktreten, die sich drehen oder schwingen. Alles beruht auf einer optischen Täuschung. Das zweidimensionale Bild ist so gemalt, daß es eine dreidimensionale Wirkung erreicht, ohne die klassische Perspektive einzusetzen. Alles ist Illusion. Aber die Bildinhalte bleiben beschränkt, obgleich die Konzentration auf die Effekte der Wahrnehmung ein Spiel mit scheinbar unendlichen Möglichkeiten ist. ■ Viele Werke der Op Art sind dekorativ und kühl. Sie zeigen, daß sie ihren Ursprung im technisch-naturwissenschaftlichen Denken haben. Die persönliche Eigenart der Künstler tritt dadurch zurück. ■ Vasarely geht noch einen anderen Weg. Er sagt, ein Kunstwerk darf nicht alleine ein Original bleiben, es müsse wiederholbar und zu vervielfältigen sein. Daher schafft er viele Abarten und Abwandlungen seiner Bilder. Dies ist der Beginn der seriellen Kunst. ■ Die neben Vasarely bedeutendste Op-Art-Malerin ist **Bridget Riley**. Andere Maler sind **Yaacov Agam**, **Josef Albers**, **Max Bill**, **Rupprecht Geiger**, **Ad Reinhardt** und die Künstler der Zero-Gruppe, **Heinz Mack**, **Otto Piene** und **Günter Uecker**, soweit sie als Maler hervortreten.

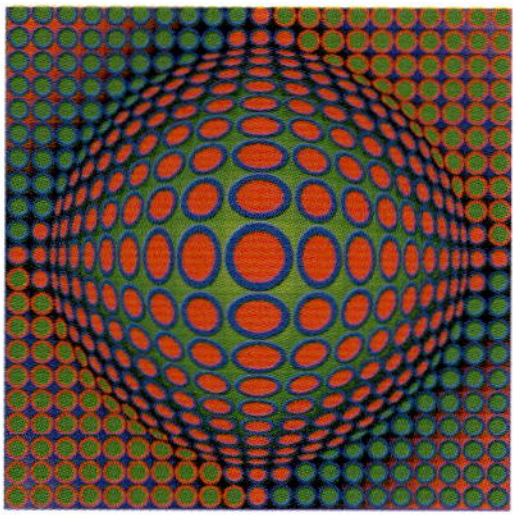

Victor Vasarely, Vega 200, 1968,
Acryl auf Leinwand, 200 x 200 cm, Michèle Vasarely

Bridget Riley, Arrest IV, 1965, Emulsionsfarbe auf Leinwand, 179,1 x 179,1 cm, Luciana Moores

Die Wellenlinien in den Bildern der englischen Malerin sind eine weitere Variante aus dem Katalog grafischer Muster der Op Art. Bekannt wurde Bridget Riley 1965 durch die respektlose Übernahme ihrer Wellen- und Streifenmotive in die Mode. Ohne ihr Wissen druckte die New Yorker Textilindustrie ihre Bilder auf Stoffe und Kleidungsstücke und machte so aus ihr ein internationales Modephänomen.
Inzwischen ist Bridget Riley längst eine anerkannte Künstlerin. In einer Mischung aus Intellekt, Erfahrung und Eingebung schafft sie eine Bildwelt von höchst persönlicher Eigenart.

Superrealismus — Maler

Superrealismus ist gleichzusetzen mit den anderen Bezeichnungen wie Hyperrealismus oder Fotorealismus. Diese Kunstrichtung beginnt etwa 1965 in Amerika und ist hauptsächlich dort beheimatet. ■ Bereits 1945 gibt es bedeutende Künstler, die realistisch malen, wie Lucien Freud, Walter Sickert, Renato Guttuso und Balthus. Auch die Pop-Art-Künstler Peter Blake und David Hockney haben sich selbst als realistische Maler bezeichnet. ■ Die Künstler des Superrealismus malen jedoch eine Wirklichkeit, die fotografisch genau und mit überbetonter Schärfe dargestellt ist. ■ Das Foto, früher schon von Künstlern genutzt, aber als Hilfsmittel verheimlicht, wird nun in den Mittelpunkt der künstlerischen Arbeit gestellt. ■ Die Kamera kann Details aufnehmen, die das bloße Auge nicht mehr sieht. Da die meisten Werke der Superrealisten großformatig sind, werden in der starken Vergößerung Einzelheiten sichtbar, die das menschliche Auge bisher noch nicht wahrgenommen hat. Es sind Bilder von großer Faszination. ■ Am Beginn einer künstlerischen Arbeit steht also das Foto. Es wird mit einem Projektor auf die Leinwand projiziert und dann beginnt für den Künstler der eigentliche Malvorgang. ■ Die Künstler, die fotorealistisch malen, haben meistens eine Vorliebe für einen bestimmten Themenkreis: **Chuck Close** malt Köpfe, **Richard McLean** Pferde und Reiter, bei **Philip Pearlstein** sind es Akte. **Robert Cottingham** bevorzugt Schilder von Warenhäusern, **Richard Estes** malt Hausfassaden, **Malcolm Morley** wird bekannt durch seine Schiffsbilder, **Ralph Goings** und **John Salt** stellen Autos und Wohnwagen in Landschaften dar. Der Deutsche **Gerhard Richter** malt gelegentlich Landschaften und Akte im fotorealistischen Stil. ■ Der Superrealismus findet ähnlich wie die Pop Art zuvor große Anerkennung beim Publikum. Er ist über einige Jahre in Amerika sehr erfolgreich, findet aber in Europa keine Fortsetzung.

Ralph Goings, Plumbing-Heating Pick-up, 1969, Öl auf Leinwand, 114,5 x 162,5 cm, Privatbesitz

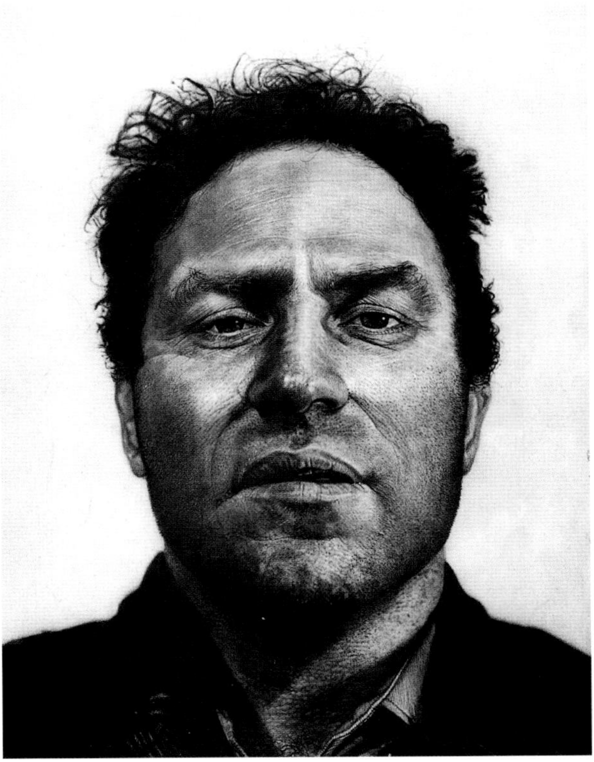

Chuck Close, Richard Serra, 1969, Acryl auf Leinwand, 274 x 213 cm, Ludwig Forum für internationale Kunst, Sammlung Ludwig, Aachen

Dieses Porträt zeigt den Bildhauer Richard Serra.
Es ist nach einem Dia mit Hilfe eines Projektors gemalt. Durch die enorme Größe sind alle Einzelheiten überdeutlich zu erkennen. Close malt ausschließlich Köpfe. Die riesigen Formate haben auf den Betrachter einen Schockeffekt. Er sagt von sich selbst: »Ich will, daß es die Leute umhaut.«

Der Fotorealismus in der Malerei entspricht dem Abgußrealismus in der Bildhauerei. Dieses ist eine spöttische Bezeichnung des Superrealismus der Plastik. Erste Werke entstehen um 1965. Tatsächlich sind die Figuren von lebenden Modellen abgegossen. ▪ Die Hauptvertreter dieser superrealistischen Kunst sind Amerikaner: **John de Andrea**, **John Davies** und **Duane Hanson** ▪ So entstehen die Plastiken: Zunächst werden von den Einzelteilen des Körpers Hohlformen aus Gips hergestellt. Diese Formen gießt man mit glasfaserverstärktem Polyester aus und setzt die einzelnen Glieder dann zusammen. Die Oberfläche wird geglättet und naturgetreu bemalt. Anschließend erhält die Figur Haare und Glasaugen. Diese physische Körperlichkeit verwirrt den Betrachter, weil er die Figuren für lebendig hält. Der Künstler rechnet damit. Sein Anliegen ist es, eine Wirklichkeit der Täuschung zu schaffen. Der amerikanische Superrealist **Howard Kanovitz** formuliert es so: »Alles ist, wie es ist und ist doch anders, als es erscheint.«

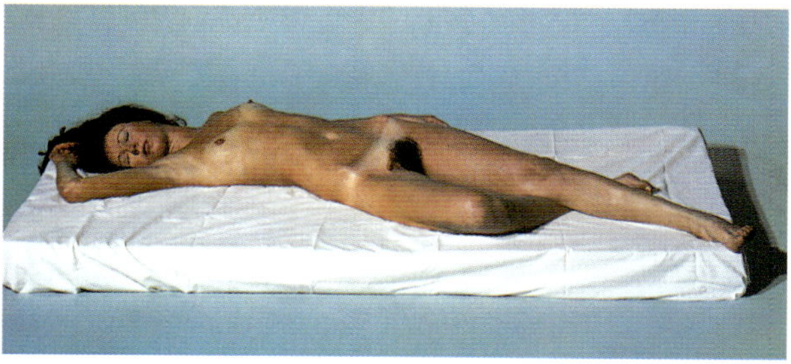

John de Andrea, Frau auf Bett, 1974, Polyester und Fiberglas mit Ölfarbe übermalt, Figur 20 x 101 x 20 cm, Matratze 15 x 94 x 190 cm, Museum moderner Kunst, Stiftung Ludwig, Wien

Duane Hanson, Frau mit Einkaufswagen, 1969, bemaltes Fiberglas, Polyester und Bekleidungsstücke, Einkaufswagen mit Produktverpackungen, Figur 166 x 70 x 70 cm, Ludwig Forum für internationale Kunst, Sammlung Ludwig, Aachen

Die superrealistischen Figuren wie die *Frau mit Einkaufswagen* sind so naturalistisch wie illusionistisch. Der Betrachter ist verdutzt, oft geschockt und manchmal peinlich berührt. Duane Hanson setzt seine Figuren als Mittel sozialer Kritik ein. Darauf verweisen viele seiner Themen: Betrunkene in der Bowery, die Putzfrau, der Drogensüchtige. Er macht die Wirklichkeit des grauen Alltags zum Hauptbestandteil seiner Arbeit.

Concept Art

Concept Art oder Konzeptkunst ist der Begriff für eine Ideenkunst. Diese Kunstrichtung entsteht um 1965 in Amerika und Europa. Der Künstler bietet ein Konzept an, einen Einfall, eine Idee, etwa in Form einer Zeichnung, eines Textes oder eines Fotos und will damit das Publikum anregen, selbst weiter schöpferisch tätig zu sein. Der Betrachter des Konzeptes soll sich in den Gedankengang des Künstlers vertiefen, sich aus seiner passiven Rolle herausführen lassen und seine eigene Denk- und Einbildungskraft aktivieren. ■ Das Kunstwerk ist für den Künstler nicht mehr so sehr das geschaffene Bild, sondern der gedankliche Prozeß, der vor der Ausführung liegt. ■ In diesem Bemühen, den Betrachter durch Mitarbeit in den Kunstprozeß mit einzubeziehen, wird die Kunst nur noch über den Verstand wahrgenommen. Hier gibt es nicht mehr das gemalte Bild, das man durch seine Sinne erfahren kann. ■ Das ist Kunst für Intellektuelle, nicht für das breite Publikum. Die Konzeptkunst ist dementsprechend wenig populär. Trotzdem gibt es eine Reihe bedeutender Künstler, die in dieser Kunstform gearbeitet haben und noch arbeiten. ■ Es sind **Joseph Beuys**, **Marcel Broodthaers**, **Daniel Buren**, **Victor Burgin**, **Jenny Holzer**, **Joseph Kosuth**, **Barbara Kruger**, **Mario Merz** und **Sol LeWitt**.

Joseph Kosuth, Elektrisches Neonlicht, 1966, Glasbuchstaben, Neonlicht, Collezione Panzadi Biumo, Mailand

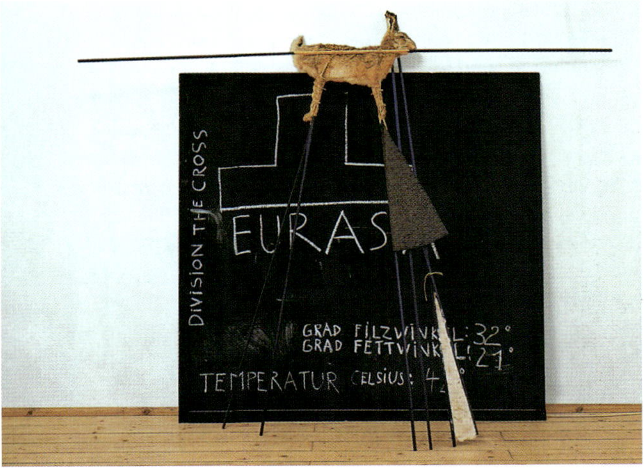

Joseph Beuys, EURASIA, Sibirische Symphonie, 1963,
32. Satz (EURASIA) FLUXUS, 1966, ›action tool‹,
Tafel mit Kreidezeichnung, Filz und Fettwinkel, Hase, Stangen,
Privatsammlung München

Bei diesem Werk ist dem Künstler das verstandesmäßige Erfassen des Dargestellten wichtiger als die sinnliche Wahrnehmung.
Es wird eine offene Kunstform angeboten, um dem Betrachter die Möglichkeit zu geben, selbst weiter zu denken und das Werk fortzusetzen.
Der an Traditionen gewöhnte Betrachter ist ratlos. Nur wenige sind zu dieser Zeit bereit, sich damit auseinanderzusetzen.

1968

Land Art

Die Kunstrichtung Land Art, im Deutschen ›Erd-Kunst‹, beginnt in Amerika und Europa um 1968. ▪ Die Künstler streben eine direkte Auseinandersetzung mit der äußeren Wirklichkeit an. Damit meinen sie das Gestalten mit Steinen, Erde, Sand, Wasser, Bäumen und Pflanzen. Sie bringen diese Materialien in Ausstellungen und Galerien und formen sie dort zu Kunstwerken. Diese Kunst ist vergänglich, denn sie kann nur an einem Ort gezeigt werden. ▪ Ebenso verhält es sich bei den Kunstwerken, die direkt in der Natur geschaffen werden, durch Eingriffe, Veränderungen und Neuformungen der Landschaft. Diese Werke sind manchmal so großflächig, daß man sie nur aus der Luft betrachten kann. ▪ Deshalb stellen die Künstler ihre Arbeiten in Dokumentationen vor, die aus Zeichnungen, Landkarten, Fotos und beschreibenden Texten bestehen. Oft wird das Werk selbst nicht ausgeführt. Auch hier ist, ähnlich wie bei der Konzeptkunst, die Bedeutung des Entwurfes größer als die tatsächliche Ausführung. ▪ Besondere Verbreitung findet die Land Art, die Kunst mit der Natur, durch die Künstler **Joseph Beuys**, **Christo** mit **Jeanne-Claude**, **Jan Dibbets**, **Raffael Ferrer**, **Michael Heizer**, **Douglas Huebler**, **Richard Long** und **Robert Smithson**.

Michael Heizer, Verschobene, zurückversetzte Masse, 1969, Silver Springs (NV), Robert C. Scull Collection, New York

Robert Smithson, Spiral Jetty, 1970, Felsen, Salz, Kristalle, Erde, Algen, Wasser, 480 x 4,5 m, Great Salt Lake, Rozei Point/Utah (zerstört)

Spiral Jetty (Spiral-Mole), baut Robert Smithson 1970 im Großen Salzsee im US-Staat Utah. Das Werk ist etwa 480 m lang und besteht aus Schlamm, Steinen und Salzkristallen.
Es ist wohl das bekannteste Beispiel der Land Art.
Die Spiral-Mole liegt in einem unzugänglichen Teil des Salzsees und ist für den Betrachter vom Land aus nicht zu sehen. Sie ist nur durch Fotos, zeichnerische und schriftliche Dokumente bekannt. Das direkte Erlebnis des Kunstwerks bleibt also allein dem Künstler vorbehalten.

Graffiti

Die Erfindung der Spraydose um 1969 wird zum Beginn der Graffiti-Bewegung. Sie geht von den Jugendlichen der Armenviertel New Yorks aus, 1971 gibt es ein erstes Zeitungsinterview mit einem Sprayer. ▪ Das Wort Graffiti kommt aus dem Italienischen und heißt das ›Gekratzte‹ oder ›Eingekratzte‹. So werden die seit der Antike eingekratzten Inschriften und Zeichnungen auf Mauern bezeichnet. ▪ Zunächst sind die Graffiti einfarbig und enthalten nur den Namen des Sprayers und eine Kennzahl. Diese Signaturen nennt man ›Hits‹ oder ›Tags‹. Später kommen die ›Pieces‹, das sind die Bildgraffiti, hinzu. Im Mittelpunkt steht ein Wort, meistens der Name des Sprayers. Den Hintergrund bildet eine Wolke oder eine Farbfläche mit gezackten Rändern. Dazu kommen weitere Schmuckelemente wie Ornamente, Sterne, Schachbrettmuster und anderes. Manchmal werden schriftliche Aussagen gemacht wie Botschaften und Widmungen. Dieser Graffiti-Typ verbreitet sich schnell über die ganze Welt und wird zu einem Bestandteil der Jugendkultur. ▪ Beliebter Ort zum Sprayen sind Bahnhöfe und vor allem die Züge. Berühmt werden in New York zwei besprühte Züge: der Freiheitszug, der aus elf Waggons besteht und zur 200-Jahresfeier der Vereinigten Staaten im Juli 1976 gestaltet wird, und der Weihnachtszug im Dezember 1977, der aus zehn Waggons besteht. Die Menschen stehen begeistert auf den Bahnhöfen und applaudieren. Die Sprayer werden verhaftet wegen Sachbeschädigung. ▪ In den 80er Jahren kommt Graffiti in die Museen. Die Werke von drei Künstlern werden 1982 auf der documenta 7 in Kassel gezeigt. Es sind **Jean Michael Basquiat**, **Keith Haring** und **Lee George Quinones**. ▪ Graffiti bleibt die Erscheinung der Jahre zwischen 1970 und 1980. Was heute auf Wänden und Brückenpfeilern zu sehen ist, läßt ahnen, welche Kraft die Jugendkultur der damaligen Zeit hatte.

New Yorker U-Bahn-Graffiti, um 1981

Keith Haring, Crack is Wack!, 1986, Wandgemälde
am East Harlem Drive und in der 128th Street, New York

Die meist jugendlichen Graffitikünstler verweisen mit ihren Bildern ganz unmittelbar auf ihre Lebenssituation. Sie bemalen kahle, schmucklose Wände, meistens in den Armenvierteln ihrer Städte, um die soziale Not, die Menschenfeindlichkeit und Seelenlosigkeit anzuprangern oder trotzig ihre antibürgerliche Lebensweise zu verteidigen.
Keith Haring, ein studierter Maler, wendet sich schon früh von der Museums- und Ausstellungskunst ab, hin zum Graffiti, das für ihn die Zeichensprache der Alltagskommunikation ist. Er besitzt eine sehr persönliche Handschrift, etwa seine Strichmännchen, die er mit dunklen Konturen auf starkfarbige Untergründe setzt. Oft fügt er Schriften hinzu, die als Botschaft gelten.

Neue Figurative Malerei

Diese neue Kunstströmung beginnt um 1970. Sie wird auch als Neo-Expressionismus bezeichnet und entsteht zunächst in Deutschland, breitet sich aber bald auf Europa und Amerika aus. ▪ Anfangs gibt es bei den Neo-Expressionisten noch Gruppen, welche die Neue Figurative Malerei gemeinsam verfolgen, sich auf Spurensuche begeben, wie sie sagen. Es sind die Berliner Gruppen ›Vision‹ und ›Großgöschen‹. Aber die Künstler haben kein festes Programm, sie sind begabte Einzelgänger, die sich zur gegenständlichen Malerei bekennen. ▪ Bei der Themenvielfalt in ihren Bildern gibt es einige besondere Motive: die Auseinandersetzung mit dem Faschismus, dem Holocaust und der Gedankenwelt des Krieges, die Thematisierung der politischen Ereignisse der Gegenwart und der visionäre Blick in die Zukunft, die Darstellung des menschlichen Körpers mit zwanghaften Aufzeichnungen von erotischen Handlungen. Alles wird in möglichst vielen, auch widersprüchlichen Stilelementen gemalt. Wenn es sein muß, schöpfen sie aus der ganzen Kunstgeschichte. Es muß nur geeignet sein, das zu vermitteln, was sie anstreben. ▪ Die Repräsentanten dieser Kunstströmung sind: **Georg Baselitz**, **Karl Horst Hödicke**, **Jörg Immendorff**, **Anselm Kiefer**, **Markus Lüpertz**, **A. R. Penck** und **Sigmar Polke**. In der Reihe der europäischen und amerikanischen Künstler der Neuen Figurativen Malerei sind noch zu nennen: **Frank Auerbach**, **Francis Bacon**, **Lucien Freud**, **Ronald B. Kitaj**, **Maria Lassnig**, **Philip Pearlstein** und **Arnulf Rainer**.

Ronald B. Kitaj, Der jüdische Reiter, 1984, Öl auf Leinwand, 152 x 152,4 cm, Privatsammlung Michael und Eleonore Stoffel

A.R. Penck, Standart, 1971, Acryl auf Leinwand,
290 x 290 cm, Staatsgalerie Stuttgart

Die Bilder des Künstlers sind oft von gewaltigen Ausmaßen. Dementsprechend groß sind auch die malerischen Kürzel, meistens Strichmännchen, mit denen er in immer anderen Variationen die Leinwand bedeckt.

Etliche Bilder entstehen aus politischer Betroffenheit. Über viele Jahre prägen Themen des deutschen Ost-West-Konfliktes Pencks Malerei. Die Verzahnung von Kunst und Politik ist sein Ziel.

Arte Cifra

Die Erneuerung der Malerei nach 1980 ist von italienischen Künstlern mitgestaltet worden. Man kann sogar sagen, die postmoderne Malerei beginnt mit der Arte Cifra. Das Wort bezeichnet die symbolische Verschlüsselung von Dingen, Figuren und Zeichen, Cifra (ital.) = Zeichen, Ziffer. ■ Es ist eine figürliche Malerei, in der die Künstler in vielfältiger Weise ihre persönlichen Empfindungen, Träume, Ängste, Wünsche und Aggressionen aufzeichnen. ■ Es ist auch die Kunst der spontanen Mitteilung, meist empfindungsvoll, manchmal auch platt und gewöhnlich gemalt. Oft sind die Grenzen des Geschmacks überschritten. Die Bildinhalte sind von einer lange nicht gezeigten Offenheit als Ausdruck einer neu gewonnenen künstlerischen Freiheit. ■ Allerlei Elemente aus vergangenen Kunststilen werden benutzt. Besonders die Moderne wird herangezogen wie auch Surrealismus und Pittura Metafisica. ■ Die Werke, sonderbare Bilderzählungen, zeigen keine unverwechselbare Handschrift, von Bild zu Bild ist der Bildstil anders, es mangelt an Individualität. ■ Die Maler sind alle nach 1945 geboren. Es sind Künstler wie **Sandro Chia**, **Francesco Clemente**, **Enzo Cucchi** und **Mimmo Paladino**.

Francesco Clemente, She and She (Lei e Lei), 1982,
Pastell auf Papier, 61 x 45,8 cm, Thomas Ammann, Zürich

Sandro Chia, Il volto scandaloso, 1981,
verschiedene Materialien auf Leinwand, 162,5 x 130 cm,
Kunsthalle Bielefeld

Mit heftigen, groben Pinselstrichen und übertriebener Farbigkeit hat der Künstler dieses Bild gemalt. Es zeigt in ekstatischen Posen die bedrohliche Begegnung zweier Menschen.
In allen Bildern sind Menschen der Mittelpunkt von Sandro Chias Arbeit. Sie bewegen sich in Geschichten, die von der Antike bis zur klassischen Moderne reichen. Seine Bildsprache ist meistens so ›chiffriert‹, daß dem Betrachter eine Entschlüsselung oft nicht möglich ist.

Neue Wilde

Um 1980 tritt in Berlin und Köln eine junge Künstlergeneration mit ihren wilden, ungestümen Bildern in die Öffentlichkeit. Es sind Bilder voll Vitalität, spontan gemalt, lebensbejahend, unbekümmert und von großer stilistischer Vielfalt. Sie sind gegenständlich. Die Künstler haben kein Programm, keine Theorien, keine erklärenden Kommentare, sie finden das alles überflüssig. Aber sie suchen von vornherein die Nähe des Publikums, und dieses läßt sich nach erstem Schrecken auf die Maler und ihre Bilder ein. Vorbei ist die Zeit der vergeistigten Malerei, die Kunst ist wieder in den Alltag zurückgekehrt. ■ In leuchtenden Farben und großflächigen Formen berichten die Maler, zuweilen sehr ichbezogen, von ihrem körperlichen und seelischen Befinden oder ihren erotischen Beziehungen, sie malen Motive aus der Gesellschaft, der Politik und dem Alltag, sie malen Akte und Porträts. Die ganze Bandbreite des Lebens wird zum Bildthema. ■ Es sind Bilder, die wichtig sind für das Lebens- und Zeitgefühl der Generation, gemalt in einer Bildschrift, die für den Betrachter lesbar und verständlich ist. Das Problem der gegenständlichen oder abstrakten Malerei gibt es nicht, die Künstler wechseln die Stile, wie es ihnen gerade paßt, die Stillosigkeit wird geradezu zur Methode. ■ Diese radikale, rücksichtslose Malerei wird die ›Neue Wilde Malerei‹ genannt, in Anlehnung an die frühen französischen Wilden, die Fauves. ■ In Berlin gehören dazu **Elvira Bach**, **Rainer Fetting**, **Bernd Koberling**, **Helmut Middendorf**, **Salomé**, **Thomas Wachweger** und **Bernd Zimmer**. ■ In Köln sind es **Hans Peter Adamski**, **Walter Dahn**, **Jiri Georg Dokoupil** und **Martin Kippenberger**.

Elvira Bach, Claudette, wann bringst Du die Erdbeeren zurück?, 1985, Kunstharz auf Leinwand, 230 x 190 cm, Privatsammlung München

Rainer Fetting, Selbst mit gelbem Hut, 1982,
Dispersionsfarbe auf Leinwand, 170 x 150 cm, Privatsammlung

Dieses Selbstbildnis ist eine Anspielung auf das Bildnis van Goghs mit dem Strohhut.
Seit vielen Jahren malt Rainer Fetting sein eigenes Porträt. Es ist eine Dokumentation seiner persönlichen und künstlerischen Entwicklung.
Für den Künstler ist es wichtig, Bilder zu malen, die der Betrachter auch ohne kunstgeschichtliche Vorkenntnisse versteht. Sie sollen einfach nur Emotionen hervorrufen. Er erreicht dies durch eine wilde Dramatik des Malgeschehens und durch den virtuosen Umgang mit der Farbe.

New Image Painting

Man kann ›New Image Painting‹ übersetzen mit: Das neue Bild in der Malerei. Diese amerikanische Kunstströmung, die etwa 1980 beginnt, wird durch die europäische Kunst von Arte Cifra und der Neuen Wilden angeregt. Gelegentlich bezeichnet man sie als ›Neuen Amerikanischen Expressionismus‹. ▪ Auch in Amerika besteht bei den Künstlern und dem Publikum der Wunsch nach Wiederkehr und Wiederanerkennung des gemalten Bildes, nach der langen Zeit der Konzept-, Video- und Aktionskunst. Es beginnt nun eine Zeit der realistischen, objektbezogenen Malerei. ▪ Sie ist heiter, erzählerisch und leicht verständlich. Häufig sind die Bilder nach Fotos gemalt, es sind Szenen aus dem amerikanischen Alltag, dem amerikanischen Way of Life. Es gibt aber auch Bilder voller Kritik an der Gesellschaft mit Themen wie Gentechnik, Tierversuche, Folter und Grausamkeit. Es ist der Versuch, die Kunst zu einer Vermittlerin zu machen. Sie soll auf die Gesellschaft einwirken. Religiöse, ethische, und politische Fragen werden zu Bildthemen. Alles ist in einer Vielzahl von Techniken, Kunstformen und Stilen gemalt. Noch nie ist ein derart breites Spektrum an künstlerischen Möglichkeiten gezeigt worden. Der Pluralismus in der Kunst hat begonnen. ▪ Die bekannten Künstler sind, unter anderen, **Eric Fischl**, **Leon Golub**, **Mike Kelley**, **Robert Longo**, **Susan Rothenberg**, **David Salle** und **Julian Schnabel**.

Julian Schnabel, Gemälde ohne Gnade, 1981,
Teller, Kitt, Ölfarbe, Wachs u. a. auf Holz, 300 x 420 cm,
Museum moderner Kunst, Stiftung Ludwig, Wien

Eric Fischl, Das Boot vom Alten und der Hund vom Alten, 1982,
Öl auf Leinwand, 213,4 x 213,4 cm, Saatchi Collection, London

Das Bild zeigt fünf Menschen und einen Hund auf einem Boot. Es ist die unterschwellige Schilderung der Langeweile und des Überflusses der amerikanischen Gesellschaft.
Der Betrachter wird in die Rolle eines Voyeurs gedrängt, der heimlich eine intime Situation beobachtet.

Standortbestimmung Pluralismus

Die Aneinanderreihung von Malstilen und Kunstrichtungen, wie wir sie seit dem Impressionismus kennen, hört nach 1980 auf. Die letzten erkennbaren Kunstgruppierungen sind die Neuen Wilden in Deutschland und das New Image Painting in Amerika. Nun folgen vielfältige, unterschiedliche, ja widersprüchliche Auffassungen im Werk der Künstler. Die Generation der achtziger und neunziger Jahre greift in Bereiche ein, die früher nicht zum Bild der freien Kunst gezählt haben. Die Kunst ist dabei, alle bisherigen Grenzen zu überschreiten. Sie bedient sich aller angebotenen Mittel, die dazu geeignet sind, Kunst herzustellen. Neben den traditionellen Disziplinen Malerei, Grafik, Bildhauerei wird nun eine Vielfalt neuer Möglichkeiten eingesetzt: Objektkunst, Aktionskunst, Film, Fernsehen, Video, Fotografie, Computer, Design, Licht, Laser, Architektur, Werbung, Musik, Sprache, Gesang, Theater. Die Künstler sehen auch keine Kluft mehr zwischen der Kunst der Vergangenheit und Gegenwart. Alle Stilarten stehen in den Werken gültig nebeneinander oder vermischen sich. Selbst Bilddetails aus der Frühzeit der Kunst wie Renaissance, Barock, Rokoko, Klassizismus, Romantik werden hemmungslos in die neuen Werke eingearbeitet. Auch die neuen Kommunikationsmedien prägen die Kunst. Mit geringstem zeitlichen Aufwand werden nun Kunstwerke, ja ganze Ausstellungen über die Welt verbreitet. Mit der Öffnung der europäischen Grenzen sind die Künstler näher zusammengerückt. Waren innerhalb der Länder noch Namen und Bilder zuzuordnen, wird die Übersicht über das Kunstgeschehen jetzt schwieriger. Künstler anderer Kontinente betreten die europäische Kunstszene und bringen neue Konzepte und neue Überraschungen. Einzelne Namen können bei der Vielzahl nicht mehr genannt werden, allenfalls künstlerische Richtungen oder Besonderheiten. ■ Die Vielgestaltigkeit, der Pluralismus, kennzeichnet die Kunst zum Ausgang des 20. Jahrhunderts.

I shop
therefore
I am

HUMAN
NATURE
CARE
MATTER
KNOWS

Auch die Vielfältigkeit in der Malerei ist grenzenlos geworden. Etwas ist jedoch geblieben: Malerei ist immer noch das künstlerische Ausdrucksmittel mit Pinsel und Farbe auf einem Malgrund. Zwar beginnen Computer, Scanner und Drucker die klassischen Malmittel zu verdrängen, doch die künstlerische Autorenschaft ist bei diesen Techniken sehr in Frage gestellt. Die Malerei der achtziger und neunziger Jahre verteilt sich nach wie vor auf Gegenständlichkeit und Abstraktion. ■ Das künstlerische Interesse an der Maltradition ist immer noch groß. Selbst die virtuosen Maltechniken der alten Meister werden noch eingesetzt. Deren Kompositionen finden sich in vielen Bildern junger Maler wieder. Auch die Bildthemen unterscheiden sich nicht: Porträts, Figuren, alte Mythen, Emotionen, Träume, Ängste, Krankheit, Tod, soziale Umstände, Zeitgeschehen. Dazu kommen Themen unserer modernen Welt aus Technik, Naturwissenschaft, Literatur und Musik. ■ Wie immer malt der Künstler ein Bild, um beim Betrachter Gefühle auszulösen, ihn neugierig zu stimmen, betroffen zu machen, und wie immer bleibt die Kunst der letzten Jahre einem breiten Publikum wenig erschließbar und verständlich.

Peter Halley, CUSeeMee, 1995, Acryl, Day-Glo und Roll-a-Tex auf Leinwand, 174,5 x 280 cm, Sammlung Goetz, München

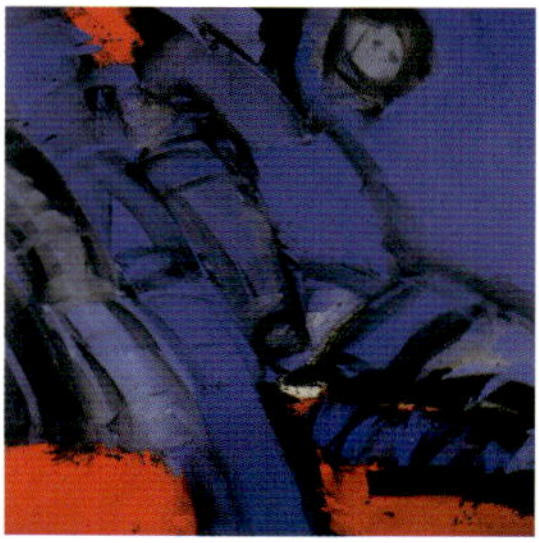

Josef Mikl, Figur mit blauer Wand, 1992/93, Öl auf Leinwand, 198 x 198 cm, Sammlung Essl, Wien-Klosterneuburg

Lari Pittman, Einst ein Substantiv, heute ein Verb (Nr. 2), 1998, Öl auf Leinwand, 122 x 91 cm

»Was hat alles Platz in einem Gemälde? Die ganze Fülle des Lebens, einschließlich der albernen, fürchterlichen und romantischen Aspekte«, sagt Lari Pittman.

Eine neue Generation von Bildhauern entsteht. In den 70er Jahren war das Interesse an Plastiken, die durch ihre minimalistische, sparsame Darstellung gekennzeichnet waren, gering. Das ändert sich, denn nun werden die Bildhauerarbeiten vielschichtiger, umfangreicher und aufwendiger im Detail, und sie sind meistens farbig bemalt.
Die heutigen Bildhauer sind nicht mehr beschränkt auf die klassischen Materialien Stein, Holz, Metall und Keramik. Sie arbeiten auch mit den neuen Industrieprodukten wie Kunstharz, Plexiglas, Schaumstoff, Folie, Schichtholz, Beton und Mörtel. Diese Materialien sind mit keiner Tradition belastet und daher für den Künstler ein Experimentierfeld mit immer neuen Ergebnissen.
Die Bildhauer grenzen sich bewußt von den Installationskünstlern ab. Ihr Anliegen ist die figurative oder abstrakte Einzelplastik.

Magdalena Abakanowicz,
Armlose Rücken, 1992, Sackleinwand und Harz, 51 Einzelelemente, Höhe je 77–80 cm,
Museum Ludwig, Köln

Markus Lüpertz,
Pierrot Lunaire, 1984,
bemalte Bronze,
140 x 100 x 100 cm, Privatsammlung (D. Hauert, Berlin)

Mark di Suvero, Tendresse, 1989/90, Stahl,
900 x 650 x 940 cm, Gagosian Gallery, New York

Diese monumentale Plastik steht auf einem freien Platz. Sie öffnet sich in den Raum durch ihre ausgreifenden Formen.

Die bildnerische Konzeption ist einfach. Aus Stäben entsteht ein offenes Gerüst, dessen Linien sich in einem zentralen Treffpunkt verknüpfen. Bei aller machtvollen Dimension und bei aller Strenge der geometrischen Konstruktion ist die Plastik feingliedrig.

Die Umschlingung der Stäbe durch die Gestik des Bogens weist auf den Titel hin: Tendresse, Zärtlichkeit.

Die Fotokünstler benutzten bislang für ihre Arbeit die ihnen zur Verfügung stehenden traditionellen Materialien und Techniken. Diese Arbeit erforderte großes technisches Können und künstlerische Handfertigkeit. Um aus einer Fotografie eine neue Wirklichkeit zu erfinden, waren Schere, Klebstoff und Retusche ihre Werkzeuge. Das Labor mit seinen chemischen Prozessen gehörte zu ihrem unbedingten Rüstzeug. ■ Heute bedient sich der Fotokünstler der digitalen Fototechnik. Die Aufnahmen werden mit einer digitalen Kamera gemacht, in den Computer eingegeben, gespeichert, mit einem Bildprogramm weiterbearbeitet und über den Drucker ausgedruckt. Es ist jetzt schon möglich, die alte traditionelle Aufnahmetechnik hinsichtlich Schärfe, Farbe und Bildkontrast zu übertreffen. ■ Die Künstler können nun eine eigene Realität entwerfen. Fotografie ist nicht mehr nur Abbild, sie wird zum schöpferischen Medium. ■ Erst 1977 auf der Kasseler Kunstausstellung documenta wird die Fotografie, mehr als 150 Jahre nach ihrer Erfindung, gleichberechtigt neben den klassischen Disziplinen Malerei, Grafik und Bildhauerei als Kunst ausgestellt.

Jeff Wall, Milk, 1984, Cibachrome-Diapositiv, 187 x 229 cm, FRAC Champagne-Ardenne, Paris

David Hockney, Eiskunstläufer, New York, Dezember 1982, Farbabzüge montiert, 66 x 49,5 cm

Inez van Lamsweerde, Spitzen-Stretch Hosenanzug: Petra, 1994, zweifarbige Computermontage, 120 x 180 cm

Diese Fotografie ist auf dem Computerbildschirm aus verschiedenen anderen Bildvorlagen zusammengestellt, im Rechner gespeichert und in der Größe von 180 x 120 cm ausgedruckt. Die Künstlerin benutzt das Bildbearbeitungsprogramm, um ein neues Bild zu erfinden.

Die Lichtkunst beginnt um 1920 mit den Experimenten des Bauhauses. Arbeiten in größerem Umfang schaffen um 1960 die Künstler der Gruppe ›Zero‹. Zu ihren Lichtarchitekturen verbinden sie das Licht mit Raum, Farbe und Bewegung. Licht wird zum »dynamisch-plastischen Material.« ▪ In unserer Zeit der künstlerischen Experimente und der Suche nach neuartigen Werkstoffen zur Verwirklichung künstlerischer Ideen sind die Künstler wieder auf das Phänomen Licht gestoßen, Licht in den verschiedensten Erscheinungsformen. ▪ Die Leuchtstoffröhre, einst nur Werbemittel, wird durch ihre Verformbarkeit zu schönsten farbigen Inszenierungen verwendet. ▪ Die Holografie mit ihrer perfekten Illusion von Körperlichkeit und der Illusion eines unvorstellbar tiefen Raumes hat sich zur Gestaltungsform der fotografischen Skulptur entwickelt. ▪ Beschränkte sich die Videokunst bis vor wenigen Jahren nur auf den Bildschirm, sind heute großflächige Wandprojektionen möglich. ▪ Laserstrahlen werden in größten Ausmaßen für künstlerische Botschaften eingesetzt. ▪ Licht ist somit durch Künstler zu einem wunderbaren bildnerischen Ausdrucksmittel geworden.

Dan Flavin, o.T. (To my dear Bitch, Airily), 1984, blaues und grünes Leuchtstoffröhrenlicht, 1,57 x 17,32 m, Ausst. Galerie Leo Castelli, New York, im Besitz des Künstlers

Jenny Holzer, Protect Me from What I Want, aus der ›Überlebensserie‹, 1987, Installation, San Francisco, Courtesy Barbara Gladstone Gallery, New York

Bruce Nauman, Menschliche Natur/ Weiß weiß nicht, 1983-86,
Neonröhren, 230 x 230 x 35,5 cm, Sammlung Fröhlich, Stuttgart

Der veränderte Umgang mit der Kunst wird in dieser Neoninstallation deutlich.
Man spürt die Freude am Experiment, an der virtuosen Spielerei mit machbaren Formen und an der Zauberei mit dem farbigen Licht.
Das hier verwendete Material – Neonröhren – ist in unserem Alltag gegenwärtig, zum Beispiel in der Werbung. Es erlaubt uns, seine dortige Verwendung mit der Kunst zu vergleichen. Die Frage nach der heutigen Bedeutung von Kunst kann hier auf denkwürdige Weise gestellt werden.

Viele Künstler zum Ende dieses Jahrhunderts streben nicht die Erweiterung von Stilrichtungen oder Traditionen an. Sie geben sich auch nicht mehr mit den herkömmlichen Kunstmitteln zufrieden. Sie suchen nach neuen Ausdrucksformen, Herstellungstechniken und Herstellungsmaterialien. ■ Der Text *im* Bild, oder in der Folge, der Text *als* Bild wird in die Fülle künstlerischer Äußerungen mit aufgenommen. Sehen und Lesen werden miteinander verbunden. Somit ist also auch das geschriebene Wort in die Kunst eingegangen. Auf Plakaten, Anzeigetafeln, Leuchtbändern, Hauswänden, auf Decken, Böden, Einkaufstaschen, T-shirts, in Zeitungsbeilagen ist es zu sehen. ■ Diese Schriftkunst unterscheidet sich von der Werbung durch den Inhalt der Texte. Die Themen stammen aus dem Umfeld unseres Lebens. Sie haben eine einfache Wortwahl, sind griffig, leicht verständlich, mal mahnend, mal aggressiv, manchmal sexistisch. Oft werden die Texte durch Fotos, Videoprojektionen, und akustische Botschaften ergänzt. ■ Die Künstler bedienen sich der Macht der Worte.

Ian Hamilton Finlay, Marataplan!, 1990, Installation, aufgemalter Text, Burnett Miller Gallery, Los Angeles

Lawrence Weiner, Just About Enough/Just Over There, Air de Paris, Nizza, 1990

Barbara Kruger, Untitled (I shop therefore I am), 1987,
Photosiebdruck, 304,8 x 304,8 cm, Thomas Ammann, Zürich

Das Bild ist ein Foto mit einer Textcollage. Es hat keinen Titel, es spricht für sich selbst.
Allein die Größe von 3 x 3 Metern und die kompromißlosen Farben Schwarz, Weiß, Rot überfallen den Betrachter brutal. Dazu kommt die ebenso kompromißlose Nachricht dieses Bildes: »Ich kaufe, deswegen bin ich.«

Vielen Künstlern reicht es nicht mehr aus, ihre Absichten allein mit den traditionellen Mitteln Malerei, Bildhauerei und Grafik zu vermitteln. Auf ihrer Suche nach neuen Ausdrucksmöglichkeiten erfinden sie die Installation. Diese ist eine Zusammenstellung von Gegenständen und Materialien in einem vom Künstler geschaffenen oder vorgegebenen Raum wie etwa einer Galerie oder einem Museum. Die Materialien entnimmt der Künstler der Umwelt. Andere fertigt er für die Installation an. ▪ Installationen werden häufig nur für die Dauer einer Ausstellung aufgebaut. Der Nachwelt bleiben sie allein durch Fotos erhalten. ▪ Mit den Installationen reagieren die Künstler auf Eindrücke, die sie jeden Tag aufnehmen, in der Vergangenheit erlebt haben oder sich für die Zukunft erhoffen. Mit Alltagsobjekten wie Werkstoffe, Möbel, Lampen, Radios, Videogeräte, Teppiche, Modeartikel, Neonschriften, Bilder, Fotos, Bücher – die Liste der verwendeten Materialien ist endlos – wird ein neues Stück Originalität geschaffen. Zusammen mit Musik, Sprache und Videofilmen stellen die Künstler einen bühnenhaften Erlebnisraum zusammen, den der Betrachter oft durchschreiten kann. Er begibt sich in eine neue Welt, die er bisher noch nicht gesehen und erlebt hat. Hier wird das Vertraute durch neue Zusammenhänge verändert und zum Kunstwerk erhoben. Es sind Bilderfindungen mit dem Anspruch des Künstlers auf Einmaligkeit.

Anselm Kiefer, 20 Jahre Einsamkeit, 1971–91, Installation: Gemälde, Bücher, Samen und Mischtechnik, Dimension variabel, Marian Goodman Gallery, New York

Rebecca Horn, Turm der Namenlosen, 1994, Installation 1997 mit Obstleitern, Violinen, Metallkonstruktionen, Glastrichter, Eisen, Wasser, Schläuchen, Pumpe und Kupferstangen, Kestner Gesellschaft Hannover

Louise Bourgeois, Cell VIII, 1998, Hexagon aus Maschendraht-gittern, Wandteppiche, blaue Kleider, grob behauener rosa Marmorblock mit hasenartigen Ohren, Sammlung Louise Bourgeois

Die Zeitreise durch die Kunst des 20. Jahrhunderts wird mit dieser Installation der 1911 geborenen Louise Bourgeois abgeschlossen. Ihre moderne Auffassung von Kunst, ihre ungebrochene Schaffenskraft und ihr internationales Ansehen zeigt sich darin, daß sie noch im hohen Alter eine Auftragsabeit für die Tate Gallery in London ausführt, die im Mai 2000 der Öffentlichkeit vorgestellt wird.

1874 Frankreich: Beginn des **Impressionismus**. In Paris findet die erste **Impressionisten-Ausstellung** statt. Bedeutendste Vertreter der neuen Richtung: Degas, Manet, Monet, Pissarro, Renoir, Sisley. Künstler, die dem Impressionismus nahe stehen: Cézanne, Gauguin, van Gogh, Matisse, Toulouse-Lautrec.

1886 Frankreich: Beginn des **Neo-Impressionismus**. Bedeutendste Vertreter: Pissarro, Seurat, Signac. Die Malweise dieser Künstler ist der **Pointillismus**.

1886 Frankreich: Beginn des **Symbolismus**. Bedeutendste Maler: Gauguin, Hodler, Khnopff, Klimt, Moreau, Puvis de Chavannes, Redon, Segantini, Toorop. Innerhalb des Symbolismus entsteht die geringfügig abweichende Kunstform des **Synthetismus**.

1889 Frankreich: Die Gruppe der **Nabis** formiert sich. Bedeutendste Vertreter: Bonnard, Denis, Roussel, Sérusier, Vallotton, Vuillard.

1890 Deutschland: Beginn des **Jugendstil**. Bedeutendste Vertreter: Hölzel, Klimt, Thorn-Prikker, van de Velde. Maler, die dem Jugendstil nahe stehen: Hodler, Munch.

1893 Deutschland: **Deutscher Impressionismus**. Bedeutendste Vertreter: Corinth, Liebermann, Slevogt.

1895 Deutschland: Die Künstlergruppe der **Worpsweder Schule** formiert sich. Bedeutendste Vertreter: Am Ende, Mackensen, Modersohn, Modersohn-Becker, Overbeck, Vogeler.

1874 Die **Farbtube** ist erfunden, die Maler können nun im Freien malen.

1874 Erste **Blue Jeans** mit Nieten.

1876 Geburt von **Konrad Adenauer**.
Erstes **Telefon** in Amerika.

1878 Erfindung der elektrischen **Glühlampe**. Die Ateliers sind nun besser beleuchtet.

1879 Eröffnung des ersten **Fernsprechamts** in London.

1880 In Frankreich wird das **Eisenbahnnetz** ausgebaut. Die Künstler reisen nun schneller an ihre Malorte.

1886 Das Rezept für Coca Cola wird entwickelt.

1889 Das erste **Auto** mit Verbrennungsmotor, Kupplung und Hinterradantrieb wird gebaut.

1893 Erfindung des **Dieselmotors**.

1895 Geburtsstunde des **Kino**.

1895 Entdeckung der **Röntgenstrahlen**.

1896 Stiftung des **Nobelpreises** durch den schwedischen Chemiker Alfred Nobel.

1896 Erste **Olympische Spiele** der Neuzeit in Athen.

1897 Erste **elektrische Eisenbahn**.
Erfindung der **drahtlosen Telegrafie**.

1905 Paris: Im **Salon der Unabhängigen** (Salon des Indépendants) findet die bisher größte Kunstausstellung mit 4270 Einsendungen von zeitgenössischen Künstlern statt.

1905 Dresden: Gründung der deutschen Künstlergruppe **Die Brücke.** Bedeutendste Vertreter: Heckel, Kirchner, Mueller, Pechstein, Schmidt-Rottluff. Eine Zeitlang ist auch Nolde Mitglied.

1905 Frankreich: Die Künstlergruppe der **Fauves** entsteht. Bedeutendste Vertreter: Derain, van Dongen, Dufy, Matisse, de Vlaminck.

1907 Frankreich: Beginn des **Kubismus.** Bedeutendste Vertreter: Braque, Gris, Léger, Picasso.

1909 Deutschland: Gründung der Künstlergruppe **Neue Künstlervereinigung München**. Bedeutendste Vertreter: Erbslöh, Hofer, von Jawlensky, Kandinsky, Marc, Münter, von Werefkin.

1910 Italien: Die Künstlergruppe der **Futuristen** entsteht. Bedeutendste Vertreter: Balla, Boccioni, Carrà, Russolo, Severini.

1910 Kandinsky malt das erste **abstrakte Bild** und schreibt die erste Farben- und Formenlehre der abstrakten Malerei: *Über das Geistige in der Kunst* (1912).

1911 Deutschland: Gründung des **Blauen Reiter**, einer Folgegruppe der Neuen Künstlervereinigung München. Bedeutendste Vertreter: von Jawlensky, Kandinsky, Klee, Macke, Marc, Münter, von Werefkin.

1900 Gründung des **Deutschen Fußballbunds**.
Der erste **Davispokal** für den Tennissport wird gestiftet.

1901 Erstes lenkbares **Luftschiff**.

1902 Aufnahme der ersten **Schallplatte**.

1903 Erstes **Motorflugzeug**.
Erste **Tour de France**.
Erste **drahtlose Übertragung von Musik** (in Graz).

1905 Einstein entwickelt die **Relativitätstheorie.**

1906 **Cornflakes** kommen auf den Markt.

1906 Das große **Erdbeben** zerstört San Francisco.

1908 Das erste Auto wird am **Fließband** gebaut.
Erstes **Autorennen** rund um die Erde.
Deutschland spielt zum ersten Mal in einem **Fußball-Länderspiel.**

1909 Das erste **Flugzeug** überfliegt den **Ärmelkanal.**
Herstellung des ersten **Kunststoffs.**
Der erste Mensch betritt den **Nordpol.**

1910 Inbetriebnahme des ersten **Selbstwähltelefons.**
Erstes **Auto** mit **Dieselmotor.**

1911 Der erste Mensch betritt den **Südpol**.
Entwurf des ersten **Hubschraubers.** Erste **Luftpostbeförderung**.

1912 Untergang der **Titanic**, des größten Passagierschiffs der Welt.

1912 Frankreich: Der **Orphismus** entsteht. Bedeutendste Vertreter: Robert und Sonia Delaunay, Kupka.

1913 Amerika: Erste Ausstellung moderner europäischer und amerikanischer Künstler, die **Armory Show**.

1913 Rußland: Beginn des **Konstruktivismus** und **Suprematismus.** Bedeutendste Vertreter: Naum Gabo, El Lissitzky, Malewitsch, Pevsner, Rodtschenko, Tatlin.

1916 Schweiz: Der **Dadaismus** entsteht. Bedeutendste Vertreter: Arp, Duchamp, Ernst, Grosz, Janco, Man Ray, Picabia, Schwitters.

1917 Holland: Gründung der Künstlergruppe **De Stijl**. Bedeutendste Vertreter: van Doesburg, Mondrian, Rietveld, Vantongerloo.

1917 Italien: Die **Pittura Metafisica** entsteht. Bedeutendste Vertreter: Carrà, de Chirico und Morandi.

1918 Deutschland: Gründung der **Novembergruppe**. Bedeutendste Vertreter: Baumeister, Dix, Feininger, Grosz, Heckel, Itten, Kandinsky, Klee, Meidner, Moholy-Nagy, Muche, Pechstein, Schmidt-Rottluff, Schwitters.

1918 Deutschland: Beginn der **Neuen Sachlichkeit**. Bedeutendste Vertreter: Beckmann, Dix, Grosz, Hofer, Hubbuch, Kanoldt, Radziwill, Schad, Schrimpf.

1919 Deutschland: Gründung des **Bauhauses**. Bedeutendste Lehrer dieser Schule: Albers,

1913 Erste konkrete Pläne für den Bau des **Kanaltunnels**.

1914 Beginn des **Ersten Weltkriegs**. Beteiligte Länder: Deutschland, Frankreich, England, Rußland, Luxemburg, Belgien, Österreich-Ungarn, Serbien, Bulgarien, Rumänien, Polen, Italien, Albanien, Griechenland, Türkei, Portugal, Amerika, Panama, Kuba, China.

1915 Erster Einsatz von **Giftgas**.

1916 Als Folge der Kriegsverletzungen werden erstmals **künstliche Gliedmaßen** hergestellt.

1917 Erster Einsatz von **Flugzeugen als Kriegswaffe**.
Gründung der **Ufa** (Universum Film AG) zur Herstellung von Kriegspropaganda-Filmen.

1917 Beginn der **Oktoberrevolution** in Rußland.

1918 Deutschland schließt **Frieden** mit Rußland. In Rußland ist Bürgerkrieg, die Zarenfamilie wird ermordet. Auch im Westen ist **Waffenstillstand**. Der deutsche Kaiser dankt ab, Gründung der **Ersten Deutschen Republik**.

1919 Erstmals Wahlrecht für **Frauen** in Deutschland. Die deutsche Republik erhält die **Weimarer Verfassung**.
Erste **Atlantiküberquerung** eines **Flugzeugs**.

1920 **Hunger** und **soziales Elend** als Kriegsfolge in Deutschland.
Einführung der **Rundfunkwerbung**.

Breuer, Feininger, Gropius, Itten, Kandinsky, Klee, Meyer, Mies van der Rohe, Schlemmer.

1924 Frankreich: Beginn des **Surrealismus**. Bedeutendste Vertreter: Arp, de Chirico, Dalí, Ernst, Magritte, Man Ray, Masson, Miró, Tanguy.

1925 Erste Gemeinschaftsausstellung der **Surrealisten** in Paris.

1931 Frankreich: Entstehung der Künstlergruppe **Abstraction Création** mit 400 internationalen Künstlern wie Albers, Arp, Baumeister, Bill, Delaunay, van Doesburg, Naum Gabo, Kandinsky, Kupka, Le Corbusier, Léger, El Lissitzky, Pevsner, Moholy-Nagy, Mondrian, Nicholson, Schwitters, Vantongerloo.

1932 Rußland: Beginn der **stalinistischen Kunst**. Der Staat schreibt den Künstlern vor, was sie malen sollen.

1933 Deutschland: Die neue Regierung der Nationalsozialisten schreibt die offizielle **Kunst im Deutschen Reich** vor und erteilt vielen Künstlern Berufsverbot. **Verbotene Kunst**: Zu den bedeutendsten Malern, die trotz Malverbot in Deutschland weiterarbeiten, gehören Baumeister, Dix, Heckel, Hofer, Nolde, Pechstein, Rohlfs, Schlemmer und Schmidt-Rottluff. Andere Maler gehen ins Ausland, wie Albers, Beckmann, Feininger, Grosz, Hartung, Kandinsky, Klee, Kokoschka und Schwitters.

1937 Eröffnung der Ausstellung **›Entartete Kunst‹** in München, anschließend wird sie in vielen Städten Deutschlands gezeigt. Sie

1923 Ende der Inflation in Deutschland durch die **Währungsreform**. Erster deutscher **Tonfilm**.

1924 Bei Ford rollt das zehnmillionste Auto vom **Fließband**.

1925 **Hindenburg** wird zweiter deutscher **Reichspräsident**.

1927 Alleinflug von **Charles A. Lindbergh** über den Atlantik. Erstes Autorennen auf dem **Nürburgring**.

1928 Erste **Farbfernsehvorführung**. Erfindung der **Comicfiguren** Micky Mouse, Superman und Batman.

1929 Beginn der **Weltwirtschaftskrise** in Amerika. Auch Europa und Deutschland sind betroffen. **Schwarzer Freitag** an der Börse von New York.

1930 Erste **Fußballweltmeisterschaft**.

1933 **Hitler** wird Reichskanzler in Deutschland. Aufhebung der Weimarer Verfassung, Verbot aller Parteien, Alleinherrschaft der Nationalsozialisten.

1933 Aufhebung der deutschen **Pressefreiheit**, alle Medien werden vom Staat kontrolliert.

1934 Beginn des deutschen **Autobahnbaus**. Erste Versuche mit **Radargeräten**. Deutschland beginnt mit der **Wiederaufrüstung** für einen neuen Krieg.

1935 Erstes reguläres **Fernsehprogramm** in Deutschland.

verhöhnt die gegenwärtige moderne Kunst. Gleichzeitig werden alle modernen Werke aus Museen und Ausstellungen entfernt.

1937 **Picasso** malt das Bild *Guernica,* als Aufruf gegen den Krieg. Guernica ist ein spanisches Dorf, das durch deutsche Bomber während des spanischen Bürgerkriegs zerstört wurde.

1938 **Versteigerung** der aus den Museen und Ausstellungen entfernten **Werke der modernen Künstler** in Luzern. Darunter Arbeiten von Braque, Cézanne, Chagall, de Chirico, Corinth, Delaunay, Derain, Ernst, Feininger, Gauguin, van Gogh, Kandinsky, Kirchner, Klee, Kokoschka, Léger, Matisse, Modigliani, Picasso, Signac und anderen.

1945 Der **Abstrakte Expressionismus** ist nach dem Zweiten Weltkrieg amerika- und europaweit die neue Kunstrichtung. Bedeutendste Vertreter in **Amerika**: Arshile Gorky, Franz Kline, Willem de Kooning, Robert Motherwell, Barnett Newman, Jackson Pollock, Mark Rothko.
In **Europa**: Pierre Alechinsky, Karel Appel, Jean Bazaine, Roger Bissière, Alberto Burri, Corneille, Maurice Estève, Jean Fautrier, Lucio Fontana, Asger Jorn, Alfred Manessier, Georges Mathieu, Serge Poliakoff, Antonio Saura, Gustave Singier, Pierre Soulages, Nicolas de Staël, Antoni Tàpies, Maria Helena Vieira da Silva, Emilio Vedova.
In **Deutschland**: Willi Baumeister, Julius Bissier, Rupprecht Geiger, Fritz Winter und später Peter Brüning, Karl Fred Dahmen, Karl Otto Götz, Otto Greis, Gerhard

1936 Beginn des **Bürgerkriegs** in Spanien. Franco wird Staatschef. Erster **Volkswagen**.

1936 Olympiade in Berlin. **Jesse Owens** läuft Weltrekord über 100 m in 10,2 Sekunden.

1937 Bau der **Golden-Gate-Bridge** in San Francisco, einer Hängebrücke mit 1280 m Stützweite.

1938 Entdeckung der **Spaltbarkeit des Urankerns** durch Neutronen. Die Erzeugung von Atomenergie ist somit möglich.

1939 Beginn des **Zweiten Weltkriegs**. Beteiligte Länder: Deutschland, Frankreich, England, Rußland, Amerika, Italien, Polen, Japan, Griechenland, Holland, Dänemark und andere.

1945 Ende des Zweiten Weltkriegs. Japan ist mit Amerika noch im Kriegszustand, erst die **Atombomben** auf zwei japanische Städte beenden diesen Krieg. Deutschland ist in vier **Besatzungszonen** aufgeteilt, die englische, französische, amerikanische und russische. Die **Regierungsgewalt** wird durch die Besatzungsmächte wahrgenommen.

1945 Beginn des **Wiederaufbaus** in Deutschland. Wiederzulassung der politischen Parteien und Gewerkschaften. Die **Bildende Kunst** verläßt den Untergrund, Künstler kommen aus dem Exil zurück, bislang verbotene Bilder hängen wieder in den Museen, internationale Kunstausstellungen werden gezeigt. Eine Fülle von neuen Kunststilen und Kunstrichtungen entwickelt sich.

Hoehme, Bernard Schultze, Emil Schumacher, K.R.H. Sonderborg, Fred Thieler, Hann Trier.
Stilarten innerhalb des Abstrakten Expressionismus: Die **Art brut** in Frankreich. Bedeutendste Vertreter: Jean Dubuffet und die Maler der Künstlergruppe COBRA, Pierre Alechinsky, Karel Appel, Corneille und Asger Jorn.
Der **Tachismus** in Europa. Bedeutendste Vertreter: Willi Baumeister, Jean Fautrier, Karl Otto Götz, Gerhard Hoehme, Georges Mathieu, Ernst Wilhelm Nay, Bernard Schultze, Emil Schumacher, K.R.H. Sonderborg und Wols.

1945 In der DDR entsteht die **Sozialistische Kunst**. Es ist das zweite Mal, daß ein deutscher Staat versucht, den Künstlern vorzuschreiben, was sie malen sollen. Später wird dieser Zwang gelockert. Zu den bekannten Malern gehören Bernhard Heisig, Wolfgang Mattheuer, Willi Sitte und Werner Tübke.

1950 Colour Field Painting in Amerika. Bedeutendste Vertreter: John Hoyland, Ellsworth Kelly, Barnett Newman, Kenneth Noland, Mark Rothko, Frank Stella.

1950 Österreich: Die Wiener Schule des **Phantastischen Realismus** entsteht. Bedeutendste Vertreter: Erich Brauer, Ernst Fuchs, Rudolf Hausner, Friedensreich Hundertwasser und Arnulf Rainer.

1955 Eröffnung der Ausstellung ›**documenta – Kunst des XX. Jahrhunderts**‹ in Kassel. Dies ist die erste internationale Kunstausstellung in Deutschland seit 1927. 130 000 Besucher.

1945 Proklamation der **Republik Österreich** (2. Republik). Nationalratswahlen. Erster Bundespräsident wird Karl Renner.

1947 Der Wiederaufbau Europas wird durch den **Marschallplan** beschlossen und großteils finanziert.

1948 Gründung des Staates **Israel**.
Zum ersten Mal fliegt ein Flugzeug mit **Überschallgeschwindigkeit**.

1949 Gründung der **Bundesrepublik Deutschland**. Erste Bundestagswahlen. Erster Bundespräsident ist Theodor Heuss. Konrad Adenauer wird erster Bundeskanzler.

1949 Gründung der **Deutschen Demokratischen Republik**. Wilhelm Pieck wird erster Präsident.

1949 Gründung des westlichen Verteidigungspaktes, der **Nato**.

1950 Beginn des **Koreakriegs**.

1953 Bürgeraufstand in der DDR gegen das SED-Regime.
Ende des **Koreakriegs**.
Deutschland wird zum ersten Mal **Fußballweltmeister**.

1955 Die Bundesrepublik Deutschland wird ein **souveräner Staat**. Ende des Besatzungsregimes.

1957 Zum ersten Mal bringt eine Rakete einen **Satelliten** in den Weltraum.

1959 Die erste Rakete erreicht den **Mond**.

1955 Amerika und Europa: **Neuer Realismus**. Bedeutendste Vertreter: Fernandez Arman, Jasper Johns, Yves Klein, Robert Rauschenberg und Daniel Spoerri.

1958 Amerika und Europa: **Aktionskunst.** Bedeutendste Vertreter: Joseph Beuys, Jim Dine, Allan Kaprow, Yves Klein, Claes Oldenburg, Robert Rauschenberg und Wolf Vostell.

1960 Pop Art. Bedeutendste Vertreter in **Amerika**: Jim Dine, Roy Lichtenstein, James Rosenquist, Andy Warhol und Tom Wesselmann.

In **England**: Peter Blake, Richard Hamilton, David Hockney, Allan Jones, Eduardo Paolozzi und Peter Phillips.

1960 Wiener Aktionisten. Bedeutendste Vertreter: Günter Brus, Otto Muehl, Hermann Nitsch und Arnulf Rainer.

1960 Amerika und Europa: **Videokunst.** Bedeutendster Künstler: Nam June Paik.

1965 Amerika und Europa: **Op Art**. Bedeutendste Vertreter: Yaacov Agam, Josef Albers, Max Bill, Rupprecht Geiger, Ad Reinhardt, Bridget Riley, Victor Vasarely und die Zero-Künstler Otto Piene, Heinz Mack und Günter Uecker.

1965 Amerika: **Superrealismus**. Bedeutendste Vertreter: Chuck Close, Robert Cottingham, Richard Estes, Ralph Goings, Richard McLean, Malcom Morley, Philip Pearlstein und John Salt.

1960 John F. Kennedy wird amerikanischer Präsident.

1961 Erster bemannter Flug in den Weltraum.
Bau der **Berliner Mauer**.

1962 Erster deutscher **Forschungs-Kernreaktor**.

1963 Ermordung des amerikanischen Präsidenten **John F. Kennedy**.
Gründung der **Fußball-Bundesliga**.
Die **Beatles** werden berühmt.

1964 Cassius Clay, später als Muhamed Ali bekannt, wird Boxweltmeister im Schwergewicht.

1965 Beginn des **Vietnamkriegs** zwischen Nordvietnam und Südvietnam zusammen mit Amerika.
Ein **Personenzug** erreicht erstmals eine Geschwindigkeit von **200 km/h**, ein **Auto** mit Düsenantrieb erstmals eine von **966 km/h**.

1965 Erstes **Rendezvous im All**: Zwei Raumschiffe begegnen sich bis auf einen Meter Abstand. Weiterer Höhepunkt: der **Ausstieg aus der Kapsel**. Ein Astronaut schwebt frei im All, nur mit einer Leine mit dem Raumschiff verbunden.

1967 Konrad Adenauer stirbt 91jährig.
Als erstes europäisches Land strahlt die Bundesrepublik ein **Farbfernseh-Programm** aus.
Erste **Herzverpflanzung** in Kapstadt, Südafrika.

1965 Amerika und Europa: **Concept Art**. Bedeutendste Vertreter: Joseph Beuys, Daniel Buren, Victor Burgin, Marcel Broodthaers, Jenny Holzer, Joseph Kosuth, Barbara Kruger und Mario Merz.

1968 Die *Große Liegende* von Henry Moore erzielt mit umgerechnet 640 000 DM den bisher **höchsten Preis für eine Skulptur** des 20. Jahrhunderts.

1968 Amerika: **Land Art**. Bedeutendste Vertreter: Christo und Jeanne-Claude, Jan Dibbets, Michael Heizer, Douglas Huebler, Richard Long, Walter de Maria und Robert Smithson.

1969 Amerika: **Graffiti-Kunst**. Bedeutendste Vertreter: Jean-Michel Basquiat und Keith Haring.

1970 Amerika und Europa: **Neue Figurative Malerei**. Bedeutendste Vertreter: Frank Auerbach, Francis Bacon, Lucien Freud, R.B. Kitaj, Maria Lassnig, Philip Pearlstein und Arnulf Rainer.

1980 **Arte Cifra**. Bedeutendste Vertreter: Sandro Chia, Francesco Clemente, Enzo Cucchi.

1980 **Neue Wilde**. Bedeutendste Vertreter: Rainer Fetting, Helmut Middendorf und Salomé.

1980 **New Image Painting**. Bedeutendste Vertreter: David Salle, Julian Schnabel.

1980 Der **Pluralismus**, die Vielgestaltigkeit, herrscht in der Kunst vor. Alle Stilarten stehen gültig nebeneinander oder vermischen

1968 Der amerikanische Bürgerrechtler **Martin Luther King** stirbt bei einem Attentat.
Erstes **bemanntes Raumschiff** umkreist den Mond.

1969 Die **Concorde,** das schnellste Passagierflugzeug der Welt, fliegt mit Überschallgeschwindigkeit von 2300 km/h die Strecke Paris-New York.
Erste **Mondlandung** der ›Apollo 11‹ (US-Astronauten Neil Armstrong und Edwin Aldrin).

1970 Erster **Jumbo Jet** im Linienverkehr. Er ist das größte Flugzeug der Welt (450 Passagiere).

1972 **Olympiade in München.** Beim Überfall arabischer Terroristen auf das israelische Quartier gibt es 17 Tote.

1981 Erster **Walkman** auf dem Markt.
Erster Einsatz von **Industrierobotern**, die, durch Microprozessoren gesteuert, einen Großteil der menschlichen Arbeit ersetzen.

1982 Forschung nach neuen **Energiequellen** wie Elektrizität aus Sonnenlicht oder Windkraft.
Erste **Demonstrationen** gegen Aufrüstung und Stationierung von Trägerraketen und Atomwaffen.

1983 Die Immunschwächekrankheit **AIDS** tritt vermehrt auf.
Videokasette, Videorecorder und **CD (Compact Disc)** kommen auf den Markt.

1984 Erste **Computer** für den Privatgebrauch.

1986 **Reaktorunfall** in Tschernobyl.

sich miteinander in einem Werk. Unter dem Begriff **Postmoderne** werden Stilrückgriffe bis in die Frühzeit der Kunst verarbeitet. Figürliches und Gegenständliches ist ebenso Thema wie Ungegenständliches. Mit der Öffnung der europäischen Grenzen rücken auch die Künstler näher zusammen. Künstler anderer Kontinente mit neuen Konzepten betreten die europäische und amerikanische Szene. Diese Vielgestaltigkeit kennzeichnet die Kunst zum Ausgang des 20. Jahrhunderts, sie bringt eine Ausdehnung des künstlerischen Betätigungsfeldes auf Bereiche wie Werbung, Film, Video, Theater, Tanz, Musik, Design und Medien mit sich.

1990 bis heute Bei den Künstlern weltweit ändert sich die Auffassung über ihr Kunstschaffen so sehr, daß nur noch wenig von den alten Traditionen übrigbleibt.

1999 Die **Biennale** in Venedig, eine traditionsreiche internationale Kunstschau, hat diesmal den Titel: ›dAPERTutto‹ (›von überall geöffnet‹). Zum erstenmal wird weitgehend auf arrivierte Künstler verzichtet. Stattdessen stellen Künstler aus, die bisher nur Insidern bekannt waren.
Die Frage, wohin die Kunst führen wird, beantwortet die Auswahl der Werke: Nur noch vereinzelt finden sich gemalte Bilder und Bildhauerarbeiten. Es überwiegt eine bunte Mischung aus Elektronik, Installationen, Videos und Shows.

1987 Auf Auktionen Rekorderlös für zwei Gemälde van Goghs: **Sonnenblumen** (72 Mio. DM) und **Schwertlilien** (90 Mio. DM).

1988 Erste amtlich zugelassene **gentechnische Versuche** an Menschen und Tieren.

1989 Öffnung der **Berliner Mauer** und der **DDR-Grenzen** zur Bundesrepublik.

1990 Wiederherstellung der **Deutschen Einheit**. Seit dem Bau der Berliner Mauer 1961 und dem Einreiseverbot in die DDR war es für Westdeutsche 28 Jahre lang schwierig und für DDR-Bürger meist sogar unmöglich, den jeweils anderen Teil Deutschlands zu besuchen.

1991 Beginn des **Bürgerkriegs** in Jugoslawien.
Auflösung des **Warschauer Paktes**.
Amerika greift militärisch in den **Golfkrieg** Irak-Kuweit ein.

1992 **Maastrichter Verträge**: Die Währungs- und Wirtschaftsunion in Europa wird beschlossen.

1995 Französische **Kernwaffenversuche** trotz weltweiter Prosteste.
Europa beschließt der gemeinsamen Währung den Namen **EURO** zu geben.

1999 Die Nato beendet mit militärischem Einsatz den Bürgerkrieg in der jugoslawischen Provinz **Kosovo**.

Barron, Stephanie (Hrsg.), **Skulptur des Expressionismus**, München 1984
Bocola, Sandro, **Die Kunst der Moderne**, Zur Struktur und Dynamik ihrer Entwicklung von Goya bis Beuys, München 1994, 2. Auflage 1997
Britt, David, **Moderne Kunst vom Impressionismus zur Postmoderne**, Herrsching 1990
Budde, Rainer, **Pointillismus. Auf den Spuren von Georges Seurat**, München 1997
Everitt, Anthony, **Abstrakter Expressionismus**, München/Zürich 1977
Expressionisten. Die Avantgarde in Deutschland 1905–1920, Ausstellungskatalog Berlin, Berlin 1986
Fath, Manfred (Hrsg.), **Neue Sachlichkeit. Bilder auf der Suche nach der Wirklichkeit der zwanziger Jahre,** München 1994
Feist, Günter und Eckhart Gillen, **Kunstkombinat DDR,** Berlin 1990
Feist/Gillen/Viemeisel (Hrsg.), **Kunstdokumentation SBZ/DDR 1945–1990**, Köln 1996
Haftmann, Werner, **Malerei im 20. Jahrhundert**, Band 1 (Textband), München 1954, 8. Auflage 1993; Band 2 (Bildenzyklopädie), München 1955, 6. Auflage 1996
Hoberg, Annegret und Helmut Friedel (Hrsg.), **Neue Künstlervereinigung München und Der Blaue Reiter**, München 1999
Jähner, Horst, **Künstlergruppe Brücke,** Berlin 1984
Jappe, Elisabeth, **Performance – Ritual – Prozess, Handbuch der Aktionskunst in Europa**, München 1993
Joachimides/Rosenthal/Schmied (Hrsg.), **Deutsche Kunst im 20. Jahrhundert,** Malerei und Plastik 1905–1985, Ausstellungskatalog Stuttgart 1986, München 1986 und 1995
Krauße, Anna-Carola, **Geschichte der Malerei von der Renaissance bis heute**, Köln 1995
Kreuzer, Peter, **Das Graffiti-Lexikon**, München 1986
Lucie-Smith, Edward, **Die moderne Kunst**, Malerei-Fotografie-Grafik-Objektkunst, München 1992
Lucie-Smith, Edward, **Die großen Maler des 20. Jahrhunderts**, Ihr Leben – ihre Arbeit, Braunschweig 1988
Mackintosh, Alastair, **Symbolismus und Jugendstil**, München/Zürich 1976
Murken, Axel und Christa, **Von der Avantgarde bis zur Postmoderne**, München 1991
Myers, Bernard S., **Malerei des Expressionismus**, Eine Generation im Aufbruch, Köln 1957
Leinz, Gottlieb, **Die Malerei des 20. Jahrhunderts**, Erlangen 1996
Nash, J. M., **Futurismus und Konstruktivismus**, München/Zürich 1975
Max Liebermann in seiner Zeit, Ausstellungskatalog Nationalgalerie Berlin, 1979
Prestel Lexikon Kunst und Künstler im 20. Jahrhundert, München 1999
Realismus. Zwischen Revolution und Reaktion 1919– 1939, Ausstellungskatalog Berlin, München 1981
Richter, Horst, **Geschichte der Malerei im 20. Jahrhundert**, Stile und Künstler, Köln 1974, 9. Auflage 1993
Rosenblum, Robert, **Der Kubismus und die Kunst des 20. Jahrhunderts,** Stuttgart 1960
Rowell, Margit (Hrsg.), Skulptur im 20. Jahrhundert, München 1986
Stein, Werner (Hrsg.), **Der Neue Kulturfahrplan,** München 1946, erweiterte und aktualisierte Ausgabe 1998
Tesch, Jürgen und Eckhard Hollmann (Hrsg.), **Kunst! Das 20. Jahrhundert**, München 1997
Thomas, Karin, **Du Mont's kleines Sachwörterbuch zur Kunst des 20. Jahrhunderts**, Köln 1973, 9. Auflage 1997
Thomas, Karin, **Du Mont's Künstlerlexikon**, Köln 1991 und 1997
Thomas, Karin, **Bis Heute: Stilgeschichte der bildenden Kunst im 20. Jahrhundert,** Köln 1994
Vogt, Paul, **Der Blaue Reiter**, Köln 1977
Wilson, Simon, **Pop Art**, München/Zürich 1975
Winzer, Fritz, **Das rororo Sachlexikon der Bildenden Künste**, Reinbek bei Hamburg 1986
Zander-Rudenstein, Angelica (Hrsg.), **Russische Avantgarde-Kunst. Die Sammlung George Costakis,** Köln 1982

Namenregister

zu den Seiten 30–155; kursive Einträge verweisen auf Abbildungen.

Abbildungsnachweis:
Arthothek Peissenberg (Staatsgalerie moderner Kunst, München) S. 47, 75; Bartsch S. 80 rechts; © Baumeister-Archiv, Stuttgart 99; Bellamy, Georges S. 147; © Centre Georges Pompidou, Paris 52, 72 (Foto: Jean-Claude Planchet); 57 (Foto: Adam Rzepka); Galerie der Stadt Stuttgart S. 99; Ludwig Forum für Internationale Kunst, Sammlung Ludwig, Aachen S. 127; Maranzano, Attilio, Montalcino S. 154 rechts; Musée Rodin, Paris S. 32 rechts (Foto: Adam Rzepka); Museum für Neue Kunst | ZKM, Karlsruhe (Inv. Nr. 285/1996), © Shigeto Kubota, S. 120; Museum Ostdeutsche Galerie, Regensburg S. 100 links; Neue Nationalgalerie, Staatliche Museen zu Berlin – Preußischer Kulturbesitz S. 44, 58, 98; Öffentliche Kunstsammlung, Kunstmuseum Basel S. 60; Opie, Catherine 145; © A.R. Penck, Courtesy Galerie Michael Werner Köln und New York S. 135; Rheinisches Bildarchiv, Köln 67, 117, 146 links; Rohrbach, Charlotte S. 89; Sammlung Essl, Wien-Klosterneuburg S. 144 rechts; Städtische Galerie im Lenbachhaus, München S. 55, 59, 62, 63; Städtische Kunsthalle, Mannheim S. 96, 100 rechts, 106; Staatsgalerie Stuttgart S. 78, 113, 135; The Museum of Modern Art, New York S. 53; The National Gallery, London S. 35; The Tate Gallery, London S. 83; Courtesy Torch Gallery, Amsterdam S. 149; © Elke Walford, Hamburg S. 65

Die Dt. Bibliothek – CIP-Einheitsaufnahme
Ein Titeldatensatz für diese Publikation ist bei der Deutschen Bibliothek erhältlich.

Prestel Verlag
Mandlstraße 26 · D-80802 München
Telefon 089/38 17 09-0
Telefax 089/38 17 09 35

Lektorat: Gabi Ebbecke, Elisabeth Rochau
Bildredaktion: Melanie Pfaff
Design: Dorén und Köster, Berlin
Layout und Produktion: Ulrike Schmidt
Reproduktionen: Repro Ludwig, Zell am See
Druck und Bindung: Graspo, Zlin
Printed in the Czech Republic

ISBN 3-7913-2271-0